南島植物学、民俗学の泰斗

田代安定

名越　護
Nagoshi Mamoru

南方新社

はじめに

田代安定は植物学の第一人者で、人類学や民俗学の嚆矢《こうし》（最初）で偉大な博物学者ですが、成し遂げた業績が偉大な割に、出身地の鹿児島ではまだ、あまり知られない無名な存在。つまり「忘れられた日本人」「無視された郷土人」です。

一方、沖縄の近世史を語るとき、田代安定を抜きには語れないほど重要な位置を占めているのです。沖縄だけではありません。日本が統治していた台湾でもアジア有数の熱帯植物園を創設するなどの功績を積みました。鹿児島で彼の業績が顧みられないのはなぜでしょうか。

田代は明治の偉人を多く輩出した鹿児島城下加治屋町で生まれ、幼少から英才として知られ、柴田圭三にフランス語を学び、第二造士館在学中、十六歳のとき明治天皇の御前でフランス語を朗読。武芸にも秀でており、周囲からも士官学校への道が期待されていました。本人も学費と生活費を支給してくれる陸軍士官学校から軍士官をめざしていました。ところが田代は小柄で、成人しても合格水準の百六十センチに足りないのです。前途有望な少年にとって背が低いということだけで将来の夢を奪われるなんて、何と酷なことでしょう。田代は思いがけない挫折を味わうことになります。

柴田が造士館を辞めて開物社に入ると、田代も退学し、同社に入社、フランス語の翻訳助手になります。柴田に恩義を感じた転身だったようですが、親や親族がこぞって東京の学校で学ぶよう説得、彼を送り出しました。ところが、滞在費が不足して受験できないのです。学問で身を立てられない。このまま故郷には帰れない。そこで見つけたのは、内務省博物局の助手、「博物学」を実地に学べます。日本に博物学を根付かせ、世界水準の帝国博物館（現在の東京国立博物館）をつくる仕事です。知識欲旺盛な田代は寝食を忘れて田中芳男局長に尽くしました。スタッフは田中局長と田代の二人だけ。田代は、ひたすら動植物のフィールド調査や辞書の編纂に取り組み、得意のフランス語に加え、英語・ロシア語を独習し、特に植物学の第一人者になっていきました。そのころが、彼の生涯のなかで最も充実した日々でした。

「時代は変わった。これからは学問だ」と、東京行きを勧めてくれた寡黙だが聡明な、典型的な「薩摩おごじょ」の母・栄《えい》の訃報が届きました。田代二十四歳のときでした。そこでやむなく帰郷し、一時、鹿児島県庁に勤めましたが、翌年、田中局長が田代を農務省に引き上げてマラリアの特効薬・キニーネの原料となる規那《きな》樹の国内栽培適地探しに、南西諸島に派遣しています。結果的に適地はありませんでしたが、田代は沖縄本島よりはるか南の先島（宮古・八重山諸島）に関心がわき、出張を延長してまだ見ぬ最南端の島々に夢を馳せます。

そこは明治の世になっても、「人頭税」という古い慣習の酷税が残り、島民を苦しめていることを知り、西表島の石炭開発などを内容にした「沖縄県下先島廻覧意見書」を政府に提出します。田代の報告書は総数で五十数冊にのぼるほどの膨大な数と内容だといわれています。

二十九歳の時、田中局長はロシア万国博覧会に事務官として田代を派遣します。

田代は世界的な植物学者マキシモ・ウィッチに会い、彼から先端の植物学を学び、翌年帰国しますが、途中立ち寄ったマルセイユで「日本の最南端にあるマジコ島（先島諸島）を占領すべき」という内容の新聞記事を目にします。そこで政府に「海防着手急務意見書」を出し、〝南島の国防〟を訴えます。

さらに自らマラリアに侵されながら三度も先島を大調査し、「先島を内務省の直轄地にして、早急に人頭税を廃止し、石炭発掘などの先島の独自の開発策を実行すべきだ」と政府の首脳陣に訴えています。と同時に、沖縄のノロ制度や人類学、民族・民俗学の調査報告もしています。

また南洋諸島に巡航し、人類学的な諸調査をしています。まさにその内容は、よちよち歩きの人類学・民族学・民俗学の「事はじめ」と言ってもいいほどです。新植物の発見者としても知られ、「タシロイモ」など「田代」のついた植物も多いようです。日本の植物学の父・牧野富太郎をして「南島植物の第一人者」と言わしめた田代は、「学者にしてやろう」という先輩の声にも「自分は政治がやりたい」と言い切っています。いかにも薩摩の維新当時の若者らしい気概です。

田代安定＝『沖縄結縄考』より

当時、沖縄すなわち琉球国は清と朝貢関係にあり、「日本」なのか「清国」なのか、その帰属があいまいな状態でした。そこで田代が出した直轄案に、清国との関係を気にした伊藤博文首相は「時期尚早」という態度でした。

業を煮やした田代は、勃発した日清戦争に従軍を申し入れ、軍属として台湾に従軍しました。従軍の動機について彼は「武士の家なのに軍に仕えた兄弟はまだいない。この汚名を捨てるのは今」と、薩摩武士の誇りを語っています。まさに「泣こよか、ひっとべ」の薩摩精神です。

彼の関心が南の島々に向けられたのはなぜでしょうか。それは幕末期に大島代官だった大叔父の帰任の船が難破して行方不明になったこともその理由の一つでしょう。田代の先輩で明治維新の偉人・大久保利通も数度、捜索船を出して探すほど捜索に熱心でしたが、大叔父は生死不明のままだったのです。「きっと無人島で暮らしている」と信じていた〝田代の目〟は終生、南島に向けられ続けられました。

日本統治後も台湾総督府に勤務、台湾近代化のためのさまざまな調査を実施し、総督府に進言書を提出しています。しかし、そのうち自らの手で実現したのは「恒春熱帯植物殖育事業」だけでした。恒春といえば、一八七四（明治七）年、救助を求めていた宮古島の漂流民五十四人が台湾の原住民パイワン族の「首狩り」に遭い、日本軍の台湾出兵の根拠となった「牡丹社《ぼたんしゃ》（村）事件」の起きた場所です。ここに有用熱帯植物の一大産地をめざして田代安定は約十年をかけて「恒春熱帯植物園」を実現させました。田代は原住民を見下すことなく、いつも彼らに誠意を持って対応しました。恒春はアジアでも有数の植物園で、現在は台湾政府の国家（国立）公園に組み込まれ、いまや台湾の一大リゾート基地になっています。

こんな素晴らしい仕事を完遂して台湾の人々に喜ばれているのに、田代安定は晩年のころ『駐台三十年自叙誌』を残し、「自分が台湾に三十年もいたのは、台湾の政界において才能をのばし、〝先島で果たせなかった夢〟を実現させることだった」とし、

不快ノ長年月ヲ送リ過セシ不幸ヲ追懐《ついかい》（追憶）スレハ自己ノ夙昔《しゅくじゃく》（以前から）ニ顧テ転々慟愧《どうき》（息苦しいほどの痛恨）ニ堪ヘサルモノアリ。正確ニ云ヘハ我本領ハ之農務本位ノ人タルニモ不関、渡台後ハ全ク我本領

ニ反対セル林務ニ職籍ヲ没了セシ事実ニ奇々妙々（ひどく奇妙なさま）ノ用人法ノ下ニ緊縛《きんばく》（きつくしばること）サレ終リシハ自ラ顧ミテ唖然《あぜん》失笑ニ堪エザルモノアリ。

と告白しています。田代は長時間かけて恒春での人生最高の熱帯植物園を創業しており、彼の「不屈畢竟《ひっきょう》（絶対に志を変えない）」の研究生活を思ったとき、自ら半生を「唖然失笑」と、自虐的に表現をするとは、どうしても筆者には理解できません。黎明期、不安混乱いっぱいの異郷の地で、彼は何を理想に、どんな生き方をしてきたのか――。鹿児島で忘れられた彼の半生を辿り、考えていきます。

南島植物学、民俗学の泰斗　田代安定——目次

第一章　青年期

第二章　八重山諸島を本格調査

第三章　南島の人類学的な調査

第四章　台湾総督府時代

装丁　オーガニックデザイン

第一章　青年期

下級武士の長男

田代安定《やすさだ》は一八五七（安政四）年旧暦の八月二十一日、鹿児島城下加治屋町で下級武士・田代安治《やすはる》、母・栄《えい》の長男として生を受けました。幼名は直一郎です。日本では二年前に、ペルーの黒船がやって来て日米和親条約が結ばれ、この年、伊豆半島の下田にハリスがアメリカ総領事として赴任、吉田松陰が松下村塾《しょうかそん》を開いています。鹿児島では島津斉彬の養女篤姫《あつひめ》が将軍家定に嫁入りして、世相が混乱する中、祝賀ムードもいっぱいの時でした。

加治屋町といえば西郷隆盛、大久保利通ら明治維新に活躍した偉人をたくさん輩出した明治維新の〝偉人輩出地帯〟で、「加治屋町の十六偉人」を生んだ町として知られています。ただ、田代安定もその一人であることは、ほとんど知られていません。しかし偉人たちは田代安定と歳の離れた先輩たちばかり。田代安定より西郷が二十九歳、大久保は二十六歳上。田代安定に最も歳が近い東郷平八郎は十二歳の年上です。田代は先輩たちの活躍を目にし、感化されながら成長したようです。田代がもう少し早く生まれていたら、他の偉人同様、京都で新撰組と戦うなど維新実現に何らかの働きをしたでしょう。生まれたのが十数年遅かったようです。なお、「一八五六年生説」もあります。

田代が三、四歳の時、祖父の兄・田代次兵衛が島津君主の命を受けて奄美大島の代官となったことがあります。次兵衛は三年間の大島勤務を終え、鹿児島城下へ帰路の途中、暴風にあって無人島に漂着し、約三十年間も一人で暮らし、死没したこと（田代の手書き『駐台三十年自叙史』）が伝えられています。「沖縄・台湾近海」とだけで、どこの島か島名は書いていません。さらに『大島代官記』を紐解《ひもと》いても、安政六（一八五九）年三月の項では「御

代官　吉田七郎」が見えますが、「田代次兵衛」の名はどこにも出ていません。疑問は残ります。しかし、安定は自書『駐台三十年自叙史』に、

島津藩主其無人島ノ捜索ニ着手ス。大久保利通（前内務卿）＝中略＝専《もっぱ》ラ此事ニ心ヲ注キ諸南海無人島ニ船ヲ派シ屢次《るじ》（たびたび）捜索ヲ重ヌルモ遂ニ其形跡ヲ得スシテ明治維新ノ創業ト成リ、大久保氏ハ西郷（隆盛）諸氏ト朝臣ニ抜擢サレ激職ノ身ト成ル。明治維新後ニ陸海軍参謀部ニ於テ軍艦航海ノ此傍ラ探検ヲ遂ゲシモ亦同ク探究ヲ得スニ終レリ。其目指ス方位ハ沖縄、台湾近海方面ニアリ吾幼ニシテ傍ヲ此探究ノ志アリ。

と書いているので沖縄・台湾近海であることは勘違いではなさそうです。何かの理由で『大島代官記』への記載がなかったのでしょう。田代は幼少のころから沖縄や台湾などへ強烈な関心を持ち、その後の彼を南方へ導くことにつながって多大な功績を残すことになったのです。

「南海無人島」とは、一体どこのどの島のことでしょう。一九三八（昭和十三）年の八重山新報に掲載されている、石垣幼稚が書いた記事「田代安定氏と八重山」で、その島の名前は、「沖縄本島の東約三百六十キロにある大東諸島だ」と、大叔父が漂着した無人島を明らかにしています。

また田代は、未開の八重山諸島開発を畢生《ひっせい》（一生を賭けた）の仕事と情熱的に認識して八重山調査の任に就き、沖縄県周辺の無人島調査として尖閣諸島及び大東島を調査しましたが、「そのうち大東島の要項には大叔父について調査する旨が記されていた」と、尖閣諸島文献資料編纂会研究員の國吉まこも氏も、沖縄国際大学南島文化研究所発行の『地域研究　10号』の論文「一八八五年　田代安定の八重山調査と沖縄県の尖閣諸島調査」で明らかにし

ています。

沖縄本島の東海上にある大東島は、一八二〇（文政三）年ロシア海軍の戦艦ボロジノ号に発見され、一八八五（明治十八）年に田代らの調査で日本領になりました。現在は沖縄県島尻郡に属し、南・北大東島と沖大東島で構成されている島嶼群で、以前はいずれも無人島でしたが、一九〇〇（明治三十三）年一月二十三日、伊豆七島八丈島出身の玉置半右衛門ら二十三人の開拓者たちが上陸しました。その後、沖縄からの開拓者も増加、現在は南北大東島に約千八百人（沖大東島は無人島のまま）が住んでいます。

田代が七歳の時（一八六三年八月）、生麦事件をきっかけに「薩英戦争」が起こり、鹿児島城下は騒然となります。戦闘は当時の世界最強の英国海軍が事実上勝利をあきらめ、横浜に撤退して終わりましたが、薩摩の軍事的な設備以外への被害が甚大で、薩摩藩では薩英戦争の教訓としてその後、急速に近代化に邁進《まいしん》しました。

そのころ、田代は『駐台三十年自叙史』にあるように、大久保利通の〝御側役用人〟を務めています。御側役用人といっても簡単な使い走り程度でしょうが、大久保が田代のことを可愛がっていたことがよく分かります。田代は近くの「四方学舎」（当時、旧鹿児島市立病院付近にあったらしい）で日本の近代化に大きな力を尽くした先輩たちから多くを学んだことはごく当然でしょう。

鹿児島には、地域の小単位である郷（方限《ほうきり》）ごとに、そこに住む青少年たちが自発的に学習団体を編成し、それぞれの学舎で学んだ薩摩独特の異年齢集団の青少年教育制度があり、郷中教育とも言われています。学舎では「うそを言うな」「負けるな」「弱い者をいじめるな」を教訓に、お互いふれあいのなかで武芸や郷土の歴史など学びました。

旧鹿児島市立病院裏手にひっそり立つ「田代安定誕生の地碑」

加治屋町の青少年教育の場だった四方学舎跡碑＝旧鹿児島市立病院前横

田代安定の生地の碑は、旧鹿児島市立病院の裏手、果物屋さんの西側にひっそり現存しており、注意して探さないと見過ごしそうな小さな碑です。

ここに住んで近くの学舎で偉人達の教えを受けたのでしょう。筆者は「旧市立病院の裏」と目星をつけて一帯を探し回ったのですが見つかりません。しばらくうろうろしていましたが、たまたま尋ねた女性が親切にわざわざ現地まで案内して下さり分かったほどです。

堀田希一氏メモ『野の遺賢―田代安定小伝』によると、加治屋町の下級武士の間に、「西郷どんに続け」と子弟教育が旺盛だったことは、当時の鹿児島で、私塾が勃興したことに端的に現れています。とはいえ、加治屋町の下級武士の家はどこも貧しく、学問熱も条件付きでした。自宅から私塾へ通う程度なら親の経済力でも持ちこたえられますが、上京しての遊学はとても支えきれないのです。勢い官費を支給してくれる学校が進学対象だったのです。運よく士官学校などに合格すると、本人も周囲も、「食えて出世できる道」を確保したと、ホッとしたものです。

もちろん、田代安定も同じ夢を抱いていました。

明治天皇の前でフランス語朗読

そして一八六八年に明治元年を迎えますが、長崎でフランス語の通訳をしていた柴田圭三が鹿児島城下で「柴田塾」を開くと、聡明で非凡な田代安定はすぐ同塾の塾生として柴田からフランス語と応用博物学も学びます。柴田は長崎の出島でフランスの宣教師からフランス語を学んでいましたが、それだけでなく最新の科学も心得ていました。

田代安定はフランス語が面白いと見えて夢中で学び、塾生の中でも真面目で優秀でした。国立台湾大学図書館にある田代文庫の蔵書目録を見ると、フランス語のみでなく、英語とオランダ語の文献もあった（中生勝美桜美林大学人文系教授の研究論文「田代安定伝序説：人類学前史としての応用博物学」）といいます。それほど田代は語学力に優れていたのでしょう。

柴田が一八七二（明治五）年に藩校・造士館《ぞうしかん》に教授として招聘《しょうへい》されますと、田代も自然に造士館第二校（中等部か）に移っています。この年の六月に明治天皇が鹿児島に十日ほど臨幸されました。この時、田代にとって最も晴れがましい瞬間が訪れました。何と天皇の御前で、フランス語の教科書をすらすら読んで聞かせたのです。当時、ヨーロッパの上流階級の共通語は、英語ではなくフランス語だったのです。この世相をいち早く察知した薩摩では、フランス語を学ぶ傾向がありました。田代安定が十六歳のころでした。

それだけではありません。同じころ田代は造士館で学ぶ身分でありながら、同館第二校のフランス語の教壇に立つほどフランス語が堪能でした。同級生もこれにはびっくりしたでしょう。

元々田代は郷土の先輩が官費を支給してくれる、陸軍士官学校入学が志望でした。田代は比較的小柄な体型でした。十五歳になっても士官学校の試験の条件であった身長百六十センチにだいぶ足りません。背が低いと軍人にはなれません。彼は自他ともに認める英才で武道にも秀でていましたから、背が足りないことで余計、傷ついたことでしょう。

彼の死後（一九二八〈昭和三〉年三月）に発刊された永山規矩雄著『田代安定翁』には、柴田圭三が造士館を去ると、田代安定も退学して「開物社」に入り、フランス語の翻訳助手としてその仕事に打ち込んだとあります。開物社は翻訳専門の出版社だったかもしれませんが、実態はいまのところ不明です。

ただ、『田代安定翁』には、そこで仏語の翻訳に精励したことが、後に田代安定が「欧州先進国の熱帯植民地における殖産施設は勿論、熱帯有用植物の知識を先端的に獲得し、その意見は往々、当時の人々を驚倒せしめた」と田代安定の友人の話として紹介しています。

柴田圭三は世間に聞こえた仏語学者でしたが、この他に応用博物学はもちろん、純正博物学にも造詣が深く、当代きっての科学者でもありました。『日本大百科全書』（ニッポニカ）の解説によると、「博物学」とは、広義的には動物・植物・鉱物などの自然物の種類・性質・分布・生態などを研究する学問。狭義的には動物学・植物学・鉱物学・地質学などの総称です。同義語に博物誌、自然誌などがあります。これに当てはまりそうな学者に、日本では江戸時代に本草学や博物学の啓蒙普及に努めた貝原益軒が浮かんできます。また西欧ではイギリスのダーウィンが『種の起源』で、生物進化の思想を基本とした博物学を修め、現代生物学への道を進んだような歴史があります。田代安定が植物学者から人類学、さらに民族学・民俗学への先駆者と言われたのも、柴田圭三の教えがあったためでしょう。博物学とは各学問分野に分化する前のそれぞれの学問分野の基礎的な内容のものを指すようです。

琉球漂流民殺害事件

当時の南島で起きた事件であり、その後の田代安定が関わる重要な任務に関連してきますので、簡単に述べたいと思います。

宮古島民遭難事件の「臺灣遭難者慰霊碑」＝那覇市波之上の護国寺

一八七一（明治四）年十月十八日、琉球王国先島諸島の宮古島民の朝貢船が暴風に流され、さらに南方の台湾東南部恒春半島の太平洋側にある満州庄九棚に漂着しました。乗組員六十四人が台湾東南部の恒春半島東海岸の九棚に漂着後、山中をさまよった末、原住民のパイワン族の集落・牡丹社《ぼたんしゃ》（集落名）に救援を求めました。ところが、パイワン族には「侵入していた不審な侵略者の首を切り落とす」という「首狩りの風習」があり、日ごろの支配者・漢人と勘違いされた宮古島民五十四人が首狩りの犠牲になる——という痛ましい事件が発生しています。これが「宮古島島民遭難事件」「琉球漂流民殺害事件」、また事件の発生地から「牡丹社事件」などと言われるものです。台湾には言葉も文化も全く異なった十数もの山岳原住民（総称して山地原住民、高砂族ともいう）が住んでおり、お互いに異なる部族への警戒心が強かったようです。

しかし、琉球大学の大浜郁子法文学部准教授は別の見方をしています。大浜准教授によると、漂着民は現地人の集落で食事を振る舞われ、宿泊されてもらったものの、夜中に携帯品などを奪い取られたことから翌朝に逃げ出し、漢族の家に逃げ込みましたが、追ってきた現地人に多くが惨殺されました。逃げ延びて生還できたのはたったの十二人だったとされています。大浜准教授は、台湾の民族学誌『民族學界』で「人物《ひともの》交換不成立説」も述べています。原住民の「首狩り事件」に、台湾出兵の正当性があるのかについて検証する必要もありそうです。

原住民・パイワン族は当初殺意はなく、酒二樽と遭難者の保護を交換要求してきましたが、酒の用意がなく、「人物（ひともの）交換不成立」で、やむなく首狩りに及んだ可能性がある——というものです。

この不幸な事件の発生で、さっそく日本は清国（中国）に抗議しましたが、清国は「原住民は〝化外《けがい》の民〟である」という理由で責任を取ろうとしません。「化外の民」とは、清国の政治力の及ばない管轄外の地域の住民、という意味です。

やむなく日本は西郷従道が約三千七百人を率いて台湾に出兵しました。これが近代日本の初の海外派兵です。戦いは一カ月で事件発生地を制圧しましたが、延べ二千六百人の日本兵が風土病のマラリアに侵され、百三十八人もの兵が病死しました。犠牲者の多くは鹿児島県出身者だったようです。これから南方進出をもくろむ当時の日本にとって、「マラリア撲滅」が以後の南進政策の大きな課題になったのです。

マラリアは、熱帯から亜熱帯に分布する原虫感染症で、高熱や頭痛、吐き気などの症状を呈し、悪性の場合は、脳マラリアによる意識障害や腎不全などを起こし死亡する、といわれています。マラリア原虫はハマダラカという蚊によって媒介されるので、この蚊を撲滅する必要があります。かつて日本にもマラリアが存在していましたが、現在は根滅しています。この戦いの事後処理として現地を視察した大久保利通内務卿は、

墓標をみるたびに礼をされたが、倒れたり傾いたりしているのを見ると、炎天の中にかかわらず、立ち止まって叢《くさむら》の中に入って、一々それを立て直して礼をして行かれた。（佐々木克監修『大久保利通』）

と、いいます。

かつてマラリアで死亡した有名な歴史上の人物に堀川天皇や平清盛、それにテレビドラマで知られる盗賊で日本陸軍の諜報員・谷豊（ハリマオ）らがいます。のちに述べるように、田代安定は一八八二（明治十五）年、農務省の特命で、当時この病の特効薬といわれていた規那樹《きなじゅ》の試験栽培に奄美・沖縄へ派遣されています。

母の死で鹿児島へ

一八七五（明治八）年四月、安定は恩師・柴田圭三とともに十八歳で上京しています。「開成学校（東京大学の前身）に入りたかったが、〝家事の都合〟で入学できず」（『田代安定翁』）、内務省の博物局係として雇われました。同局長のイスに座っていたのが田中芳男という、幕末から明治期に活躍した博物学、物産学、農学、園芸学など多

方面に造詣が深い学者です。田中は明治期に日本で初めての「動物園」や「植物園」を構想し、上野で実現しました。また、「博物館」という名称を生み出した博物学の最高権威だったのです。さらに殖産興業の指導に尽力、基礎博物学の啓蒙に努めた方でした。田代安定は田中の助手として懸命に植物学を修め、より実際的な植物学に接する機会を得たのです。田代は五年間も博物学の日本最高権威・田中芳男のもとで働いて「学者としての資質」を十分に熟成させることができたのです。

ところが一八八〇（明治十三）年五月、故郷鹿児島にいた母・栄《えい》の死亡を知らせる「ハハシス　カエレ」という電報が届きました。田代の子・安民氏からの聞書と思われる堀田希一氏の『野の遺賢―田代安定小伝』によると、下級武士の谷口家から嫁いできた栄は、細い体つきでしたが、病気らしい病気をしたことがなく、いつも笑顔でした。聡明だが、寡黙で、必要なときだけ口を開く。彼女の整然とした発言は常に親族一同を黙らせていました。谷口家も同じ貧乏士族の境遇で、貧しさには慣れていて、かえって貧乏暮らしを楽しんでいるような気丈な女性でした。しかし、当時の女性には珍しく先が読めて、「これからは学問が必要だ」と、長男の田代を上京させたのも母・栄です。安定の働く職場はそのまま学問研究の場になる、と知らせると、「元気で暮らしているなら結構です。家は気にかけず頑張りなさい。お前の嫁を用意しておきました」と励ましていました。いかにも気丈な母らしい、と田代安定が苦笑したこともありました。

その母の訃報であります。当時は鉄道がまだ九州を縦断しておらず、急きょ船で十日近くもかかって帰省しました。ようやく自宅に着くと、すでに葬儀の終わった家には父・安治が一人で寂しそうに暮らしていました。田代家の墓は当時、南林寺墓地にありましたが、廃仏毀釈で寺は壊され、僧侶もいない寂しい葬儀だったらしいのです。墓前に額ずいていた彼に、父親は言います。「栄は、おはんの嫁をば決めて逝った。会うてやってくれんかね」

彼は一旦うなずいて見せました。自分ではまだ、結婚する余裕がないと考えていましたが、母が気に入ったであろう娘には一度会いたいと思ったのは事実です。その相手が安定の初婚の相手の「時子」かどうか、資料がないので分かりません。「時子」は女児二人を残して一八九一（明治二十四）年、鹿児島市にて四十一歳で他界しています。

しかし、父親の思惑は違います。「そいで、戻らんか」と言い出しました。言葉にはしていませんが、この言葉の裏には「鹿児島へ戻って妻帯し、自分の面倒を見てくれ」、という含みがありました。いつもなら細かい気配りをする息子の返事は、ぶっきらぼうでした。「まだ身を立てとらん」。それが母の希望を叶える近道との思いを口にしました。墓参の帰り道に父は「東京へ戻るのもよかよ」。さっぱりした笑顔を見せてくれましたが、父の老いた背に、落胆した田代安定でした。

田代家の墓の傍に父安治の大きな墓標が立つ。安定の墓標はない。右は墓守の井上さん＝鹿児島市冷水町の興国寺墓地

鹿児島で働き口を探す必要がある。東京の上司・田中芳男局長に相談すると、運よく鹿児島県が「林業に詳しい人を職員として派遣してほしい」と、依頼していたのです。田中は出向という形で田代安定を鹿児島県に送り出すことにし、田代は鹿児島県勧業課陸産係に転職できました。

そのころ鹿児島県庁にいた甲斐国（山梨県）大月市出身のアイヌ語研究

家、白野夏雲と知り合いになって親交を結んでいます。白野は一八八四（明治十七）年、県令として旧川辺郡（現鹿児島郡）十島村の調査を行い『七島問答』や『十島図譜』などを書いています。

現在、田代安定の霊は、鹿児島市冷水町の興国寺墓地に眠っていますが、その所在は墓を守っている近くの井上幸子さんに案内してもらわないと、分かりません。父方の「田代家の墓」はありますが、田代安定名の墓標はないのです。その横に下級武士だった父「田代安治之墓」が一際高く立っているだけです。目立つ存在を嫌った田代安定らしく、墓地には安定の案内看板もありません。

鹿児島県勧業課陸産係時代の安定の動向が記された資料があります。それは鹿児島民俗学会代表幹事の所崎平氏の著書で『児玉宗之丞日記―明治の生活がよくわかる―』の明治十六年九月六日の項に、

九月六日晴　（中略）昨日田代安定殿入来ニテ　宗因様国分郷水天淵碑ノ銘写有之候ハヽ、借用致度旨受取リ

（後略）

田代安定殿から宗因様が書いた国分郷水天淵石碑の銘文の写しの借用申込があり、先年写していたので持参する（多分、その石碑というのは宮内用水を引く工事の記念碑のことだろう）の意。宗因の方が身分が上なので、様付けだが、所崎氏は「これは西山宗因なのか不明。もし江戸初期の俳諧の一派・談林派の宗因だとすると、鹿児島に来る可能性は少ないのだが――」と述べています。田代は県庁職員として一地方の記念碑まで勉強していたことは、この一項でも分かります。

天降川の宮内原用水路は水天淵から鹿児島神宮前を通り、隼人川尻までの用水路で郡奉行の汾陽盛常によって一七一一（正徳元）年から一七一六（享保元）年まで六年間を要した難工事でした。内山田以南の水田を潤す用水路です。

規那樹の試験地探し

規那樹の樹皮がマラリアの特効薬といわれ、農務省はその苗をハウスで試験栽培していました。その苗が順調に育ったので一八八二（明治十五）年四月、試験栽培することになり、鹿児島県庁に奉職していた田代に「農務省農務局陸産係の身分で種子島、奄美から沖縄へ栽培地探しに出張してほしい」と田中芳男の特命が下りました。田代はそれほど田中の信頼を得ていたのです。

規那樹はアカネ科の樹木で、南米の原住民は古くから、アンデスの高地に生える規那樹の樹皮がマラリアに有効であることを知っていた、といいます。西洋人がこれを知ったのは、一六三〇年ごろで、イエズス会の宣教師がこれを用いて治療活動を行ったといわれています。

田代安定は早くから規那樹から採取されるキニーネの効用を田中に学んでよく知っており、農務省は東京・北区にあった西ケ原農務省試験場で育養していた計百五十本の苗木を田代に託しました。田代は県庁時代に県内の試験栽培予定地をあらかじめ決めていました。実際に奄美市名瀬浦上の平有盛神社付近の山林に六十株を植え、さらに種子島の西之表市にも植えています。沖縄本島の北部五カ所の山中に五十数株を試験栽培しました。生育状況を示す書類はまだ見つかっていませんが、結果はいずれも、

記念に植えたキナノ木の苗木＝石垣市の八重山マラリア犠牲者慰霊碑裏側

　生育良好が伝えられたものの次第に樹勢が衰え始め、明治十六年以後になると農務省顛末《てんまつ》に掲載される文書は少なくなり、栽培状況が思わしくないことが推察される。――

星薬科大学の南雲清二准教授は、論文「キナ（規那樹）の国内栽培に関する史的研究」でこう述べています。結果的に成功しなかったようです。その後、「八重山以外で、日本にはキニーネ（マラリアの特効薬）の適正な栽培地はない」と分かったのです。

先島へ渡る

ところで、田代安定が初めて先島を巡航したのは、一八八二（明治十五）年八月十七日でした。たまたま沖縄出張中の当時議官補だった尾崎三良に「八重山と宮古島は我が国の南玄関であり、防衛上疎かにできない。その開発は急務であり、自らがその経営の任に当たりたい、先島への同行を懇願」します。こうして、キナ樹栽培の苗木適地調査の延長が実現したのでした。

鹿児島でこのことが判明したのは、「鹿児島民俗学会」所崎平代表幹事が保存していた同学会の機関誌『民俗研究　第1号』に、田代安定の「沖縄懸下先島廻覧日記」の遺稿が載っていたからです。那覇を出港して慶良間群島などの島々をめぐり、宮古島まで三日もかけての航海です。沖縄本島から宮古島までの島々の風景と船内の模様が詳細につづられていました。『民俗研究　第1号』に、すでに故人であった田代安定の遺稿を載せたことは、鹿児島民俗学会創設時の民俗学研究の先輩たちが、田代を「民俗学の嚆矢《こうし》」と認め、例え内容があまり民俗学的ではなくとも、鹿児島民俗学会にとって民俗学の先達として田代安定の存在を認めていたということにほかならず、今後、民俗学を研究する者たちにとって重要、と認識していたのでしょう。

この「日記」によると同船には、尾崎三良議官補のほか、沖縄県令・上杉茂憲らが乗船していました。那覇を出港して慶良間群島などの島々を巡り、宮古島まで三日もかけての航海です。掲載されている田代安定の日記の内容はこれで終わりです。石垣島などの先島はさらに南です。石垣島には何日に着いたかは、分かりません。

石垣島での滞在はわずか三、四日間でしたが、未墾の原野が眼下に広がり、人間の手が入らない原始林があり、田代には、熱帯植物も豊かで開発を待つかのようでした。そして八重山群島は「南方の宝庫としてなし得るべき要素を具備しており、必ずこの島々が開発の実をあげるべく奮闘しよう」（『田代安定翁』）と決意したのです。この出張延長をきっかけに、田代は熱帯植物研究に没頭していきました。特に八重山群島の調査に力を入れました。これが田代安定の第一回目の先島調査で、二十六歳の時でした。この年の十二月には、田代は早速「沖縄県下先島廻覧意見書」と題した、それぞれの島の状況に応じた開発案を国に具体的に提出していますが、その冒頭部分は、

沖縄島ノ先島アルハ、猶《な》ホ鳥ノ翅翼《しよく》（つばさ）アルガ如ク。先島ノ沖縄島アルハ、猶ホ魚ノ尾鰭《おひれ》アルガゴトシ。到底此両島ハ永世寸毫《すんごう》（極めてわずかなこと）モ分離スヘラサルモノ也。夫《そ》レ将来沖縄県ノ物産ヲ繁殖シテ不朽ノ輸出品ヲ生産スヘキ地ハ、主トシテ先島ニ皈《かえ》セリ（及ばない）。（沖縄国際大学南島文化研究所『石垣

島調査報告 1』)

と、先島の将来に自信満々な言葉で始まっています。近代日本は明治維新で明けますが、沖縄県だけは明治初期まで、薩摩藩の支配下にありながら、形式的には「琉球王国」として清国との冊封・朝貢関係を維持する日清両属という位置にありました。ところが明治政府は、一八七九(明治十二)年三月に警察官百六十余人、熊本鎮台の沖縄分遣隊増員三百余人を含む軍事的圧力をもって琉球藩庁から施政権を奪取し、「沖縄県」を設置しました。これを「琉球処分」ともいいます。しかし、現地では根強い抵抗もあり、それまで琉球にあった税制などの「旧習」は温存しての沖縄県のスタートとなったのです。

さらに清国との軋轢《あつれき》を恐れて「先島を分離して清国に与えたら」という先島分離論を主張する意見もありました。そのころは先島諸島の帰属はまだ不明瞭でした。下手をすれば、石垣島や宮古島は清国の領土になっていたかもしれない時期でした。田代安定の意見書は明らかにそれを意識したもので、まず冒頭で「琉球分離は断じてならず」、と釘をさしたのです。先島の人々は言葉や風習などヤマトとは随分違うがヤマト民族に違いない、と確信した田代でした。田代は「先島諸島の開発建議書」と「規那樹復命書」を作成しました。

ロシア留学

一八八四(明治十七)年、鹿児島県庁にいた田代安定に、農商務省の恩師・田中芳男から長文の手紙が届きました。その内容は、

「今年五月にロシアのサンクト・ペテルブルグで開催される万国園芸博覧会に日本の委員として田代安定を推挙したい」

という、うれしい誘いでした。好機到来に田代は二つ返事でOKして、東京から船で太平洋、大西洋を横断し、勇躍してロシアをめざしました。インド洋経由で行くと、出品する植物が腐食する可能性が心配されたからです。数カ月に及ぶこの園芸博覧会において田代は、日本からの出展の管理ばかりでなく、博覧会の審査官も兼ねていたといいます。

田代は会期が終わると滞在を延長して、その十月から当地の大学院植物学の権威カール・ヨーハン・マキシモウィッチ教授の教室に入り、東洋植物と熱帯植物の研究に従事しています。

安定を指導したマキシモウィッチ教授＝柳本道彦著『明治の冒険科学者たち』より

マキシモウィッチ博士は一八六〇（万延元）年、清国（中国）東北部で植物相の調査中に日本開国のニュースを知り、急きょ日本の植物相調査のため、ウラジオストクから函館に向かい、精力的に日本の植物相調査を行っています。その結果は『日本・満州産新植物の記載』にまとめました。博士が学名をつけた日本の植物は三百四十種にのぼるほか、二千三百にわたる東アジア地域の植物を系統的に分類し、命名しました。そのため、当時の日本の植物学者らは未知種や新種と思われる植物を採取すると真っ先にマキシモウィッチの元へ標本を送り、その種の同定を依頼しています。博士自身も豊かな知識と現地調査の体験を生かし、彼らに適

サンクト・ペテルブルグ時代の田代安定（28歳）＝『沖縄結縄考』より

切な助言と指導を行い、結果として日本の植物学のレベルは著しく向上することになりました。

田代はこの一流の先生のもとで毎日夜明けとともに宿を出て大学院へ向かい、夜九時まで研究を重ね、教授宅で食事をして帰るという生活が半年続きました。教授からは家族同様の待遇を受けていたといいます。田代は当地で世界最先端の植物学に接し、その吸収に没頭したのです。

それだけではありません。日本最初の植物分類書である飯沼慾斎の『草木図説』の内容をフランス語でマキシモウィッチに説明しました。『草木図説』とは江戸後期の植物図鑑で、草類千二百五十種、木類六百種を、西欧植物学書を参考にして「リンネ式」に分類し、写生、解説したものです。マキシモウィッチは、田代安定の知識の豊かさに驚き、ロシア学士会会員に推挙しました。さらに田代はロシア皇帝から神聖スタニスラス三等勲章を授けられています（『田代安定翁』）。しかし、ロシアの科学アカデミーの会員になり、ロシア皇帝の勲章を授与されながら他人には決して漏らさず、没後、遺品の整理を託された鹿児島高等農林学校の教え子の松崎直枝（元小石川植物園長）が取り寄せた履歴書を見てはじめてこれらのことを知った、といいます。

一八八五（明治十八）年、半年間、マキシモウィッチに学んだ後、ドイツのエルフェルトで園芸学を学び、さらにパリでもキニーネについての研究をしようとしていましたが、オーストリア公使が心身症で帰国することになり、田代は公使に随行して帰国することになりました。

その帰途、フランスのマルセイユ港で衝撃的な事件に遭遇することになります。言葉を交わしたフランス人の紳士が「マジコ島（八重山・宮古島。先島諸島のこと）はフランスが占領して、仏軍の基地とマラリア対策病院を造れ」と主張する内容が書かれた新聞を示しました。先島諸島は清国だけでなく、ヨーロッパ列強も植民地にしようと、ねらっていたのです。当時、フランスは清仏戦争の真っ最中で、クールベ提督が台湾を封鎖中でした。田代の危惧する事態が迫っているようです。びっくりした田代はその新聞を貰い受けて、帰国後直ちに二項十三条からなる八重山諸島の「海防着手急務建議書」を国に提出しました。その意味でも田代は八重山開発の救世主といってもいいでしょう。

森有礼の兄を敬愛

『田代安定翁』によると、田代安定は「寡黙で温厚な篤学」の士であったようです。そして青年時代から、一八七〇（明治三）年七月二十六日夜、集（衆）院前で征韓論に反対して十カ条の「建白書」を置き、津軽藩邸裏門前で割腹自殺した薩摩の志士・横山正太郎（森安武ともいう）を敬愛していました。この年、田代は十四歳の少年でした。この事件は「新政府の腐敗と朝鮮問題のことよりも内治を先にすべきことを訴え」ており、横山の反征韓論割腹死は「俗流の世論に流されない良識と気骨ある日本人の存在を示したもの」として、当時の日本社会に大きな衝撃を与えました。田代もこの横山の行動に感動したようです。

その証拠に、のちに正太郎の石版書を大事に掛軸に表装して、これを終生、小床に掛けて朝夕拝んでいたほど傾倒していたのです。

横山正太郎は、薩摩藩士・森喜右衛門有恕の四男で、初代文部大臣の森有礼の兄です。近侍として島津斉彬・久光に仕え、久光が上京すると側近として同行を許されるほどの信任を得ていました。しかし、一八六九（明治二）年十二月、山口で起こった「脱隊兵事件」に遭遇します。この事件は山口藩（長州）が、それまでの諸隊を解散し、新たに常備四個大隊を編成したことに不満を持った奇兵隊、遊撃隊などの兵士が起こした、藩政府に対する暴動事件です。横山正太郎は、脱隊兵の言い分に同情してか、断りなく帰国し、この事件を報告します。怒ったのは島津久光。正太郎はたちまち役を免ぜられ、公職を追われることになります。

ここで彼は心機一転して学問に専念することを決意しました。正太郎は京都の明治初期の儒学者・春日潜菴《かすがせんあん》への入門を図りましたが果たせず、東京の田口文蔵の塾に入りました。そしてまもなく割腹自殺を実行したようです。明治初期にどうして「征韓論」が西郷隆盛、板垣退助、江藤新平ら政府内部から起こったのでしょうか（もっとも西郷の場合、朝鮮出兵ではなく、開国を進めるため、自ら朝鮮に赴く「遣韓論」という説もあります）。江戸幕府から明治政府に政権が移り、日本はこれまで通り、対馬藩を介して朝鮮に対して、新政府発足の通告と国交を望む交渉を行いましたが、朝鮮側は、日本の外交文書が江戸時代の形式と異なる、として受け取りを拒否したのです。どこが従来の文書と違うのでしょうか。

朝鮮側の言い分は、これまでの国書にあった「日本国大君」の名でなく、「天皇」と書いているというものでした。「天皇」とは一体何者か、「勅」という字もある。そもそも「皇」とか「勅」という語句は、世界にただ一人、清国（中国）皇帝についてしか使えないはずです。これは礼にも悖《もと》る甚だしいこと――と、朝鮮側が言うのです。

つまり、このような国書を勝手に受け取ったら、宗主国・清国からどのような懲罰が下るかもしれない、と朝鮮側は恐れたのです。それを日本は「朝鮮国が横柄な態度を取っている」と理解したのでしょう。日本と朝鮮の間に相互理解があれば、このような国論を二分するような事態にはならなかったはず。双方のコミュニケーション不足が招いた事件と言ってもいいでしょう。

横山正太郎はそれを分かっていた反征韓論者だったのでしょうか――。世人への影響が大きいとみて政府は、鹿児島県令の島津忠義に「祭祀料百両」を下賜する旨を伝えました。西郷は一八七二（明治五）年八月に森安武（横山正太郎）碑文を造り、安武（正太郎）を弔い、墓側に立てる幟に「精神、日を貫いて華夷に身われ（あらわれ）、気節、霜を凌《しの》いで天地知る」と揮毫《きごう》しています。

また、森有礼は、兄に心酔していた田代の心を知っていたのか、田代の将来を気にかけてのちに学者の斡旋もしたそうです。しかし、田代は「政治家を志している」として、きっぱりこれを拒否しています。

田代安定が小床に掛けていた横山の石版書は、森有礼遭難の年、一八八九（明治二十二）年十二月二十七日付の報知新報の特別刷でしたが、安定はこの時期、南洋出張中であったため、帰朝後これを入手するにはよほどの努力を要した、と『田代安定翁』に書かれています。

民俗学のテーマも研究

『南西諸島史料集　第1巻』（松下史朗編）の解説によると、安定の初期論文は一八九〇（明治二十三）年以降の『東京人類学会雑誌』に「薩南諸島ノ風俗余事ニ就テ」と題して載っています。田代は『東京人類学会雑誌』に掲載された後、これを鹿児島市の印刷所で孔版印刷しています。その記録を収めたのが『南西諸島史料集　第1巻』（二〇〇七年十二月、南方新社発行）です。それによると、安定は本文冒頭、今夏鹿児島懸ニ皈省（帰省）ノ際、同懸下川辺郡中之島ニ航渡セシガ、種々風俗ノ内地ト異ナルモノアリテ、人類学ノ参考ニ充ベキ標品数個ヲ携帯セリ。

と記し、「東京から帰省したとき、中之島を調査した折のものであり、『今夏』はおそらく一八八六（明治十九）年七月以前のこと」と推理しています。明治十八年六月からは八重山で約一年間、本格調査を行っており、八重山の二次調査を終え、東京帝国大学（東京大学の前身）の南海諸島植物・人類学の嘱託に任命された直後の調査だった可能性があります。そのなかで田代は単なる事実報告だけでなく、精巧なスケッチと現在の人類学はもとより民族学・民俗学などで重視される「事象の他地との比較分析」を試みており、大変参考になります。例えば、言語について、

言語ハ純然タル薩摩語調ニシテ、物ノ名称等モ十中ノ九半ハ同一ニシテ、大島群島語ハ殆ド無シ。沖縄語ハ殊ニ然リ。（中略）遠ク歌謡ノ用語ニ遡《さかの》ボリテ尋繹《じんえき》（たずね調べること）スルトキハ、其ノ間ニ往々奄美、沖縄諸島ノ語辞ヲ挟《はさ》メリ。例へバ「御座ナサレ」ノ「招居《めしよ》レ」、「平安」ノ「嘉例吉《かれよし》」、「被下《くだされ》」ノ「被賜《たもれ》」ニ於ルガ如シ。

これはみな沖縄語の本質であり、日本の歌にこれらの諸語は存在しないのです。しかし、歌謡の旋律は沖縄とも、大島群島とも、鹿児島とも異なっていて、かえって三百里（千二百キロ）ほど南方の八重山列島調とほとんど同じ

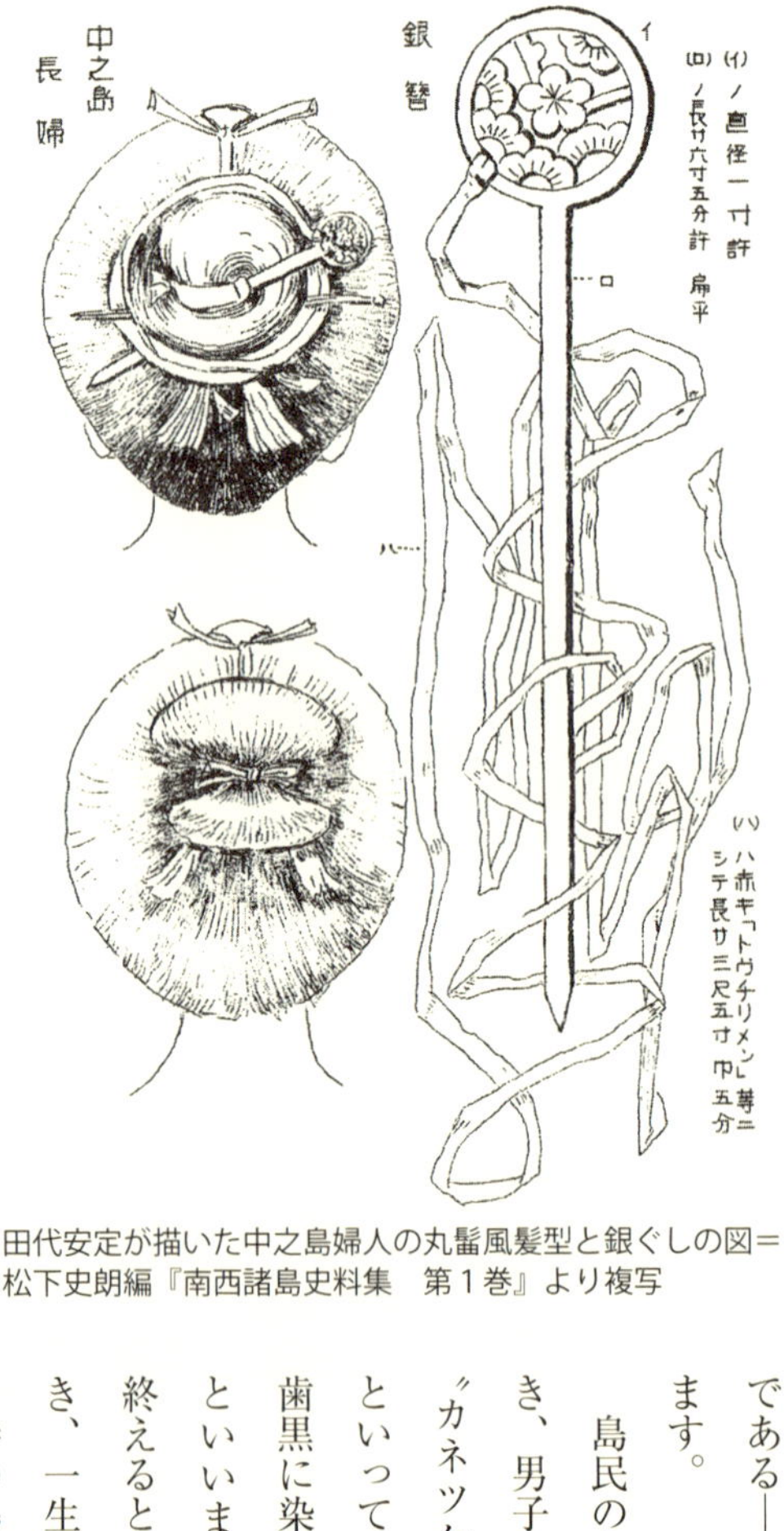

田代安定が描いた中之島婦人の丸髷風髪型と銀ぐしの図＝松下史朗編『南西諸島史料集　第１巻』より複写

であるーーと比較し、類型化しています。

島民の人生儀礼にも観察の目が届き、男子は十三歳で元服し、女子は〝カネツケ親〟を決め、「カネツケ」といってその髪型を変えて、一時お歯黒に染めて成人の仲間入りをするといいます。「カネツケ」の儀式を終えるとすぐ、そのお歯黒は取り除き、一生お歯黒はしないーーなどが当時の島の風習でした。下野敏見氏著の『南日本民俗文化誌3　トカラ列島』の「鉄漿《かね》つけ祝い」によると、中之島では、十三歳になった女子は、二人の「カネつけ親」を頼み、髪を結ってもらい、お宮に参拝した後、祝宴をしました。男子の元服祝いより簡単な祝いでした。中之島では明治中期以降はもう歯を染める人は、結婚後でもごく少数であった、といいます。

成人女性の髪形は、鹿児島風とも大島群島や沖縄群島とも、また八丈島風とも全く違っていて独特のものです。それは図のような一見「丸髷《まるまげ》風」のものに銀ざしを斜めに刺したものだといいます。それを微に入り細に入り説明しています。髪に刺す木簪《もくかんざし》二個を東京帝国大学人類学室に納めています。そのほかに「平家ベラ」と島民が命名している農機具や島民常用の「しょいかご（奄美のテル様のもの）」、民家のスケッチ画などを説明文とともに詳細に描いて、現在の民俗学調査報告と同じ様式をすでにとっています。

中之島の植物調査

田代の中之島の植物紹介が一八九〇（明治二十三）年発行の『植物學雑誌』第44号に載っています。先に述べた人類学（民俗学）調査のとき、同時に調査されたものでしょう。その一部を紹介してみます。

中之島の植物は割合で見れば、九州にある植物が六割で、四割が沖縄と同じと思われます。沖縄のものと似た植物のうち二、三の特産種類があり、別に新発見と掲げるものは、「モチノキ科」植物中の二品と、他に少々あるだけです。

沖縄植物の方で特筆記述すべきものは「イラクサ科」の喬木《きょうぼく》（高い木）で知られる「すまる」（不明）で、種子島西之表がこの植物の北限です。「ユキノシタ科」の灌木《かんぼく》（低い木）は大隅諸島の口永良部で初めて自生していたことが分かりました。この植物は「シマコンテリギ」（現在、トカラアジサイといわれる花か）と新称を与えてもいいです。

他には「クサトベラ」「ビロウ」「テッポウユリ」（一名「琉球ユリ」）などがあります。また島に生えそうに見えて、生えていないものは「アダン」「ヒルギ」「モダマ」などです。

中之島は昔、臥蛇島・悪石島と共に謫人島《たくにんとう》（流刑島）と目され、他地との交流が途絶えていましたが、田代は、荒海を覚悟して来島し、植物を調べました。そうすると、意外にも大切な「特産植物」があり、島の面積よりも大きな価値のある島で、遠島の歴史があるだけでなく、学者仲間にも一般人にも必要な島であることが分かりました。

植物のすべての種類は、記述が長くなるので、割愛して掲載します。

中之島植物分科譜

○キンポウゲ科

八重山仙人草

ツル性の多年草。九州各県に産し奄美大島以南や沖縄にも自生し、秋に濃紫色のガクと白い花柱の見事なコントラストを見せます。田代が一八八五（明治十八）年、八重山群島で発見、秋に花の咲く様子を確認して、「特殊な品種」であることを発表しました。

一八八七年、奄美列島でも採取し、小石川植物園に栽植しており、生育していると思います。この植物は中之島でも遭遇しました。安定によると、それより北の屋久島、口永良部島や種子島の南部から与那国島、台湾までも分布するらしいです。

今回中之島でこの種を発見しましたが、その前に、初めて八重山島で見つけたときは同島限りの異種と信じていました。それが、何と中之島にも存在していたとは驚きです。このとき、田代は「遠くを知りて近くを知らず」のことわざを実感しました。

○モクレン科

オガタマノキ

あちこちの山中に自生して幹回りが一丈（三・三メートル）余り、高さ六、七間（約十二メートル）に達

オガタマノキの花。神道思想の「招霊（おがたま）から転化したもので、和歌や俳句の季語にも用いられる＝霧島市観光協会提供

する大木が多い木です。葉は倒卵状楕円形でやや肉厚、表面には強い光沢があります。中之島島民はこれを「刳《く》り舟」、別名「スブネ」の最良材として使っています。島民は「中之島特産の一つで、珍しい良材」と認識しているようですが、オガタマノキは本州の関東中南部以西と四国の海岸部、九州の低地、南西諸島に分布し、八重山には「タイワンオガタマ」が自生しています。

「招霊《おがたま》の木」とも書き、「一円玉の裏に刻印されている木」、として知られています。薩摩川内市永吉町の石神神社境内にオガタマノキ（胸高周囲六・七メートル）の老木があります。推定樹齢は約八百年で、一九四四（昭和十九）年に国の天然記念物に指定されました。

○マツブサ科

シキミノキ

同島の山中で高さ約十メートル、幹回り約三十センチになる木を見かけます。折悪く花実がなかったことは残念です。八重山産のものは枝葉を見ると、普通のシキミのようですが、花実は異常で、ロシアのマキシモウィッチはこれに新名をつけました。中之島産は八重山島産と同じ品種なのか、田代は一新種とは受けあわなかったようです。種にはアニサチンなどの有害物質を含み、特に果実は多く食べれば、死亡する可能性があります。弘法大師が青蓮華の代用として密教の修法に使いました。古代にはサカキと同様に神社でも用いられました。現在は創価学会の仏花にも用いられます。

○風蝶草《かぜちょうそう》
魚木《ぎょぼく》

方言でアマキ。同島の海岸に稀に生えています。魚木の自生区域は大隅半島の佐多や大根占、薩摩半島の山川、頴娃辺りです。沖縄諸島では大きなものは仰ぎ見るほどの大木もあります。落葉小高木で、鹿児島県本土以南の西南諸島に自生しています。材質は柔らかく細工物、イカ釣り用の「擬餌《ぎじ》」によく使われています。ツマベニチョウの食草でもあります。

○ニシキギ科
ギハマユミ

特殊な青軸真弓《あおじくまゆみ》で、種名は未詳（と田代は書いています）。沖縄、八重山島等に多く常緑の灌木で、高さ一丈（三・三メートル）に達します。沖縄や八重山でもこの材で婦人用の簪《かんざし》を作る（これを〝ギハ〟という）。「ギハ」というのは方言で、中之島でもこれで簪を作るようです。木質はツゲに似て堅いようです。真弓は「檀」とも書き、女優の檀《だん》れいは、本名の「まゆみ」と芸名の姓の由来になっているそうです。

○キンポウゲ科　ビンナンカヅラ
○目木科　　　ムベカヅラ

〇アブラナ科　タネツケバナ
　　　　　　イヌカラシ
〇スミレ科　ツボスミレ
〇クサトベラ科　トベラ
〇ヒメハギ科　ヒメハギ
〇ツバキ科　ツバキ
　　　　　　モクコク
　　　　　　サカキ
　　　　　　ハマヒサカキ
　　　　　　ヒサカキ
　　　　　　キフヂ
〇ボダイジュ科　コバンモチ

盤花類
〇フウロウ科　カタバミ
〇ミカン科　ミヤマシキミ
　　　　　　カズラノサンショウ
　　　　　　イヌサンショウ

○モチノキ科　モチノキ
シロモチ（方言）
○ニシキギ科　ギハマユミ
マサキ
モクレイ
○ブドウ科　エビヅル
○ウルシ科　ヤマデキ（鹿児島方言か、不明）
ハゼノキ

和名に「タシロ」のついた植物

田代安定が日本植物界に尽くした努力は偉大です。特に南西諸島の植物については、明治期に琉球植物を熟知している第一人者として知られ、台湾大学図書館の田代安定文庫には植物関係だけでも『沖縄県諸島植物譜』や『八重山列島各属植物』『澎湖島自生植物第一報及第二報』などが収納されているようです。これら図書類は田代安定の死後、鹿児島高等農林学校の教え子の一人・松崎直枝（元小石川植物園長）が遺品整理して当時の台湾帝国大学（現・台湾大学）に寄贈したものです。長年知られることはなかったのですが、近年、図書館改築の際に発見された門外不出の貴重な資料です。

松崎直枝・元小石川植物園長の「田代安定先生の事ども」（鹿児島高農校同窓会誌『あらた』19号に収録）によれば、

ロシア滞在中の大山巌陸軍大臣一行に田代がポプラの種子を託したのが、日本にポプラが導入された最初だったといいます。「ポプラは火薬の材料になる」という田代安定の勧めで、大山巌大臣は石川砲兵工廠その他陸軍用地に植栽したといいます。その後、田代は一九一七（大正六）年七月には台湾で『日本苧麻《ちょま》興業意見』を自費出版するなど「先生は学者ぶらず、常に国家の利益を最優先した態度でした」と松崎は書いています。

なお、田代安定が初めて発見し、植物名に「タシロ」がついた植物は十七種といわれていますが、永山規矩雄氏著『田代安定翁』によると、田代は「新植物の第一発見者になる」ことに関心はなく、せっかく珍植物を発見しても学会で報告するでもなく放置したために、その後、他人に新発見され、名をなさしめてしまったこともありました。例えばヤッコソウ科の珍草、学名でミトラステモン（和名はヤッコソウ）は、一八九〇（明治二十三）年六月に田代が大隅半島錦江町田代郷で発見採集していましたが、当時十分な分類的研究をなおざりにし、『鹿児島縣柑橘園譜』の末葉に配しただけでした。

ヤッコソウは葉緑素を持たない全寄生植物で、森林のシイノキなどの根に寄生する植物。日本の植物学者の大家・牧野富太郎博士は命名権者といわれますが、そのいきさつとして牧野博士は、以前、田代が発見したことを明らかにしています。和名で「タシロ」がついた植物を次に列挙します。

和名に「タシロ」が付いた植物名

1. タシロヒヨドリ
2. タシロイモ
3. タシロイモ科

4. タシロカヅラ
5. タシロクヅマメ
6. タシロラン
7. タシロスゲ
8. タシロルリミノキ
9. タシロクシノハラン
10. タシロアギ
11. タシロダイゲギ
12. タシロマメ
13. タシロオグルマ
14. タシロヒルガオ
15. タシロシャリンバイ
16. タシロヤマユリ
17. タシロミヅ

第二章　八重山諸島を本格調査

困難待ち受ける調査

ベトナムの植民地化を目指すフランスと、ベトナムの宗主国を主張する清国との間で「清仏戦争」（一八八四年八月〜八五年四月）が勃発しました。台湾はフランス軍により封鎖され、八重山諸島へのフランスの魔の手が伸びることを恐れた田代安定は、領有権があいまいな沖縄の八重山諸島の国防と開発の急務を訴える「海防着手急務建議書」を国に提出しました。しかし、国は風雲急を告げる日本周辺の動きもそうですが、国内では折からの不況と生糸相場の下落から埼玉県秩父郡の農民が政府に対して起こした武装蜂起「秩父事件」などの反政府運動が多発し、その対策に翻弄されていました。このため田代の「先島防衛」の主張に政府は、一介の農商務職員の「少壮血気にはやる興奮的熱情の現れに過ぎない」とか、また「新奇の説を創為し、強弁して異を取る位であらう」（永山規矩雄氏著『安代安定翁』）とぐらいにしか受け止めていなかったようです。しかし、田代は西村沖縄県令の理解のもと、八重山調査の方法や計画を練っていました。

時ノ工部少輔渡辺浩基氏平素我カ志操ヲ知ルノ故ヲ以テ感動一方ナラズ。即時意見ヲ採用シ、内務大書記西村捨三氏ヲ以テ俄ニ沖縄県知事ニ撰用ス。西村壮年気鋭、一通ノ意見書ヲ内務大臣山縣有朋氏ニ提出シ吾ハ農商務省属ヨリ沖縄県務ト成リ、八重山群島ニ在勤一ケ年半。此間ニ山縣内務大臣沖縄諸島ヲ巡視シ、八重山諸島ニ滞在中、吾ヲ其ノ船ニ呼寄セ、日記帳ヲ以テ踏査ノ実況ヲ開陳ス。

と、手書きの安定著『駐台三十年自叙史』で語っています。田代安定にとって八重山の開発は「洋行前ヨリ企志ニシテ這回ノ踏査ハ専ラ旧慣制度行政刷新ニアルヲ以テ」と同書にあるように、早い段階からの構想でした。安定二十九歳の脂の乗り切ったときでした。

そんな中、田代は一八八五（明治十八）年五月、沖縄県属兼務として二度目の八重山出張が実現したのです。田代は沖縄赴任の途中鹿児島に立ち寄り、八重山開発を後援してくれた薩摩の漢学・歴史学者の伊地知季通《すえみち》氏宅を訪ねています。伊地知は藩政時代に八重山に赴任した経験があり、自家製のお茶を差し出し、八重山に着いたら「伊地知未だ死せず」と伝えてくれ、と懇願しました（「八重山新報」石垣幼稚氏の昭和三年八月十五日付の記事）。

着任したばかりの西村捨三沖縄県令は喜んでこの願いを叶えました。望みを叶えただけでなく、田代安定を信頼し、同年五月に八重山調査を思い通りにさせることにしました。西村県令はのち、大阪府知事や初代内務省警保局長など務めた非常に新しい考えの持ち主であり、また豪傑肌（『田代安定翁』）で、沖縄在任中に田代らが実地調査した北大東島、南大東島を沖縄県に編入したことで知られています。

田代安定が立てた八重山調査項目の内容は『八重山取調始末記外篇』にある「八重山島取調条目」にあげています。それは全部で十六条からなる微に入り細いに入った総合的な項目で、担当者名も記入しています。以下調査項目のほぼ原文。（□印は判読不能）

第一条　各島実地測量の事。

各島の周廻里程、各村間の距離検測、各耕地荒ぶ地、牧場の反別、各著名山岳の高度其他川溝、沼沢等（以上、山田鐵一氏の専任）各港湾の検索、錨地《びょうち》の選定、気象潮測等（以上、山田氏及び林太助氏

の担任）

第二条　炭脈調査の事。

炭脈の検索、炭層の性質及石炭の品質等（以上、林氏の専任）

（以下三条から十六条は田代安定氏専任）

第三条　戸籍調査の事。

各島現在戸数人口、職業、出産、死亡比較、五子以上多産者、六十歳以上の長寿者、配偶者、結婚者、独身者、免租人、納租人等の数、其他家族上一切の事項、祠社、舟船、家畜現在数等

第四条　地理調査の事。

一　諸耕地反別種類（宅地畑地田地、山藍・糸芭蕉・苧麻・蘇鉄敷地等）

二　諸牧場、原野、沼沢、廃地等の実況、諸川溝、水勢等（幅員、水勢、水源、舟筏の便否等）

三　村墟、墳墓（有主墓、無主墓、支那人墓、内地人墓、諸外国人墓）

第五条　山林調査の事。

林質、樹生、区画、保護上の旧慣制度調査、将来管理上の目途等

第六条　貢租制度調査の事。

一　人頭税賦課法、同等別、各人負担額其他の事項

二　現品貢納の種類、性質及同史跡其他の事項

三　所遣米《ところづかいまい》（即地方税）賦課法、各人負担額、各年度増減比較其他費上に関する一切の事項

四　貢租と土地との関係及未来に於ける諸機密上の事項

第七条　村吏旧慣制度調査の事。

一　村吏の職別、禄高年期其他の事項

二　村吏登庸法及昇進制度其他の事項

三　三間切頭、蔵元吏員及各村吏の権限及其他の事項

第八条　暦慣□諸例規調査の事。

一　旧琉球評定所諸諭達、村吏、人民風紀取締、其他の事項

二　罪人取扱及懲罰法等の刑事上に関する事項

三　舟船、禁木、牛馬、田畑取締其他の事項

第九条　諸風俗習慣調査の事。

一　人種、言語、性情、行為、手芸、其他智能上の部

二　家倫、相続法、冠婚葬祭、其他、儀仗上の部

三　文教、交際方村制其他民度進歩上の程度

四　宗教、祭典、呪詛、忘念其他敬神上の部

五　年中行事（即ち稼働、例祭日、暦事及遊興等の部）

第十条　史跡上の考証探査の事。

一　古来諸国との交通上の関係（支那、朝鮮、安南、マニラ等並諸漂着人の容姿挙動、年代等）

二　古来島民移遷上の形跡及諸村廃立等の事項

三　天災地変即ち大風、地震、洪水、海嘯《かいしょう》、火山、□（蝗？）害、飢饉、流行病等の年月並被害程度其他の事項

四　有徳者、忠臣孝子、節婦、兇漢、謀反、戦争其他の事項

第十一条　業務上に於ける諸調査の事。

一　現品交換の組織並金銭通用上に於ける考察

二　物品貸与方法及将来内地商人並各事業家と島民間に於ける金銭貸与取締方法等

三　本島士族の適業及将来に於ける授産事業の目途

四　将来に於ける島民風俗外誘影響上の諸考察

第十二条　植民開拓上に於ける目途予定の事。

一　島民耕地維持法及其権利上に於ける考察

二　植民上の程度人員の選択及其緩急順序等

三　山林原野其他地面借区人に対する区域程度及取締方法等

第十三条　将来殖産興業上に関する目途の事。

一　軍艦用著名材樹（即ちチーク、マホガニー等）移植用地選定及其着手方法

二　熱帯地方諸植物に於ける将来繁殖上の目途

三　茄菲、甘蔗、マニラ煙草等に於ける繁殖上の区域及製糖機械場建設の用地選定等

四　塩田及鞣皮業開設の用地選定等

五　製靛、織布其他各製造業に於ける今後の予定

第十四条　物産調査の事。

一　普通物産の部（即ち米、粟、麦、稗、豆菽、甘蔗等）の原産額、品質適否及将来に於ける目途

二　特有物産の部（即ち煙草、山藍、草棉、胡麻、菜種等）の原産額及将来に於ける繁殖上の目途

三　木材の部（即ち樹名、材質産量及管理法等）

四　水産物の部（即ち海参、真珠母、鱶鰭他の産量品質及将来に於ける管理上の事項）

第十五条　農業調査の事。

現用農機、耕耘法進化の程度□□の区割法、慣手栽培品の種類、収穫の多寡、農家営生上の現況

第十六条　瘴癘毒《しょうれいどく》実験場の事。

一　瘴癘毒即ちマラリアに関する島民の伝説観念等

二　旧来疫村《やけむら》（廃村）と称する地方の地勢、水質及気候

三　瘴癘毒の多き理由及び将来に於ける駆除方法其他衛生上一般の事項

以上、田代安定が自ら作成した調査項目を原文のまま掲載しました。なかでも著者は、八重山を政府の直属地にして管理し、人頭税の早期廃止と西表島の炭坑開発、南端の守りとして西表島に軍港を開くことが重点だったと思います。

メンバーは田代安定をリーダーに、測量家の山田鉄一、鹿児島出身でのちに述べる西表島炭鉱の存在を田代に教えた林太助を県御用係に、製図係に友寄喜恒を採用させました。

しかしいずれも島外者ばかりで島の方言が分かりません。ほかに現地で通訳を務める男を採用することにしまし

た。性質粗暴で獰猛のため島の人々から恐がられている安堂（現地ではアンドウカーメーと呼ばれていました）という男がおり、標準語に通じ、また民情を探らせたり、山野を跋渉《ばっしょう》（山を越え、水辺を渡ること）したりするには好適重宝なので、田代安定はこの男を通訳として要求しました。

しかし、一九二八（昭和三）年九月十五日付の八重山新報の石垣幼稚氏の連載記事によると、安堂は海岸近くの岩窟に隠れ、連れに行っても頑として応じません。いわば奄美の伝説的な野生児の〝ヤチャ坊〟のような男だったようです。

田代は温情をもって諭し、ついに従者に加えました。安堂は当初は田代に反発していましたが、辛抱強く諭されてようやく田代の思うように動いていきました。

船の都合で行けない与那国島を除く尖閣諸島を含む八重山の全離島を四人で約一年間にわたって調査しようという大掛かりな計画です。波照間島にはサバニ（刳舟《くりふね》）を二隻連結して渡りました。

いよいよ一行は一八八五（明治十八）年七月から調査を開始しました。各島の原野をかき分け、ジャングルを進み、道のないところでは、干潮時に浜を歩いて、人頭税などの琉球王国以来の旧慣制度を中心に総合調査。各島の測量をして自然環境や地理、戸籍や農林漁業、その他の物産、人口、マラリアなど疫病の有無、史跡上の考察探査、石炭開発、その他諸風俗習慣調査、民情など調査項目は枚挙にいとまがありませんでした。

ときには毒蛇の棲む深山荒野に分け入り、林相や地質を調べ、「サバニ」という舟を漕いで島と島の距離を測ることもありました。

しかし､島民は非常に驚き､「ヤマトの人がわれわれの習慣を転覆しに来た」と騒いで一般に反抗的で､中には「毒殺してやる」という伝聞も耳にしました。そこで田代は「自分たちは政府の命を受けて、この八重山を文明に導くための調査であるから（中略）政府は決してこの八重山を不利にするようなことは行わぬ。みなさんを幸福に導かんがための調査です」（『田代安定翁』）と噛んで含んで説明し、協力をお願いして回りました。八重山の島民にとって、清国民とは日ごろから交易しており、親しみを持っていましたが、「遠く離れたヤマト人が突然やって来て調査とは何事か」と不信感があり、その払拭と調査への理解を得るのは並大抵のことではありませんでした。

その上、交通手段の極端に少ない原始林の島々、島民すら行ったことの少ない人跡未踏の地では野草や毒蛇を捕獲して「味噌煮」にして食べて洞窟で一夜を明かし、まるで「鬼ケ島の俊寛僧都」のような生活でした。通訳の性格が、ときに粗野獰猛で、時には田代らを困らせましたが、民情を探らせ、山野を跋渉するには力持ちの彼の存在は大きいものがありました。

マラリアに罹患

石垣島の約三十七キロ西南にある隣の西表島に渡って十日も経たないころ、那覇から製図係の友寄喜恒氏が来て「これで測量体制も整った」と一行が安心したのも束の間、友寄がマラリアに罹り、石垣島に移送されます。そしてついに亡くなる不幸に見舞われました。田代は仕方なく後任の製図係に喜友名安信氏をあてて調査を続行しました。

西表島は沖縄本島に次いで大きく深い熱帯性の原生林に覆われたジャングルばかりの島、湿度も高い。大きな島ですが、集落の数や規模、人口も少ない。安定らが島の南東部にある戸数わずか八戸の小さな仲間集落で民情調査をしていました。

一日の仕事を終え、宿に戻っていた安定は、熱っぽくてだるく、食欲がありません。「少々疲れたかな」と思っていましたが、夜間に熱発し唸り出しました。そのうち、震えが酷くなり、村人たちは宿の畳二、三枚を剥ぎ取り、田代の体を震えが治まるまで抑えました。そして四〇度はあろうと思われる高熱が続いたかと思うと、ガタガタ悪寒がして震えが止まらない始末。完全にマラリアの症状でした。

マラリアの原因と予防策

安定が一八八六（明治十九）年に書いた『八重山群島物産繁殖ノ目途』の中のマラリアについて書いた「八重山群島瘴癘毒記《しょうれいどくき》」で、地勢や気候を論じ、その原因を詮索し、ついに病状や治療法について論じています。さらに安定に同行した調査員はじめ、自らもマラリアに罹った体験について詳述しています。

安定によると、瘴癘毒は地元では「風気」とか「八重山病」と称し、重症になれば死亡する風土病の一種。世界中のどこにもあるが、特に暖熱国の陰湿の地に多く、八重山でもこの風土病を恐れて山野間を跋渉する者は少ない、といいます。田代はマラリアの発生が将来、八重山の開発に支障を来すだろうと予想しています。その原因について田代は『沖縄懸下先島回覧意見書』で次のように述べています。

（田代）安定、竊《ひそか》ニ此元因（原因）ヲ捜索スルニ、必意《ひっきょう》（畢竟＝結局）山林沼沢ノ多キニ過キ、本島（西之島）開闢《かいびゃく》以来ノ朽木腐草、処々渓間沢中（谷の間や沢の中）ニ鬱滞《うったい》（暗くよどんで）シテ、常ニ汚悪ノ元素ヲ蒸発シテ、或ハ空気中ニ混淆《こんこう》（さまざまな異質なものが入りまじって）シ、或ハ川水ニ化シ、或ハ上騰（蒸発）

シテ雨トナリ、霧トナリ、是ヲ以テ気候変幻定リナク、人々病邪ニ感シ易キ所以ナリ。土人所謂《いわゆる》陰陽気ノ説於是乎《ここにおいてか》亦理ナキニアラス。其陰気ト称スルモノハ、乃《すなわ》チ山中汚悪ノ気ニ応シ、陽気ト称スルモノハ、乃チ村中新鮮ノ空気ヲ指スモノ、如シ。故ニ、此陰気ヲ滅却シテ陽気ヲ振興セスンハアルヘカラス。陰気ヲ滅却スルハ、樹木ヲ洗伐シ、穢水《えすい》（汚水）ヲ排泄スルニアリ。陽気ヲ振興スルハ、土地ヲ開拓シ、人民ヲ繁殖スルニアリ。

田代がマラリアに感染したと思われる西表島仲間廃村跡にある泉。現在はコンクリート張りだ

と、見ています。湿地汚濁地帯にマラリアが多いのに気づくとは、さすがに田代らしいです。マラリア蔓延地帯はどの島でも淀んだ湿気の多い、沼地の原生林などですが、明治前半のころまではマラリアは、ハマダラカが媒介して発病するなどと思わなかったようです。

『田代安定翁』によると、田代がマラリアに感染すると、赤血球が破壊されヘモグロビンが直接血管に放出され、腎臓機能障害を引き起こして黒褐色の尿を排出するようになったので、村民は石垣島の蔵元に急報し、公医の重信氏が来診してくれました。田代はマラリアの諸症状のなかでも比較的重い「黒水病」に罹っていたのです。重信医師の懸命な治療と「絶対に所期の目的は達成する」という田代の強い意思と治癒力によって最悪の状態を脱しました。このときマラリアの特効薬キニーネを服用して（『八重山瘴癘毒記』）いました。石垣島でも北西部の密林や湿地帯で罹患したのでしょうか、それとも西表島の仲間川周辺を走破したとき、マラリア原虫を媒介する「ハマダラカ」に刺されたのでしょうか。八重山はどの島も所によってはマラリアの巣窟であったことを実感させられた貴重なアクシデントでした。そんな中で田代一行はマラリアの巣窟といわれた山岳地帯を越えて西表島を縦走したといいます。

マラリア発生への予防策について田代は、

愚（我＝田代）ヲ以テ見ルトキハ、本島開拓ノ捷径《しょうけい》（近道）ハ山林ヲ薙伐《ちばつ》シテ（なぎ払って）、縦横ニ人路ヲ開キ、処々汚渓穢沢（汚い谷や沢）ノ草莽《そうもう》（くさむら）ハ、尽ク焼払シテ清浄ナラシメ、而シテ山中ノ用材ハ総テ官木トナシテ保護ヲ厳ニシ、諸他ノ雑木鬱密《うつみつ》（ジャングルのような場所）ニ過ル場所ハ、或ハ官用ニ斬伐《ざんばつ》（伐採）シ、或ハ人民ニ払下ケ、其跡地ニハ諸用木ヲ続栽シ、或ハ村落ヲ開キ、或ハ田圃ト為ス等、臨機ノ所置（処置）アルヘシ。以上ノ方法ヨリ、整理スルトキハ、人民陸続（人口がしだいに加して）、数年ヲ出スシテ我カ必要島ト為ルヘキコト、疑ヲ容レス。然《しかれ》トモ、山林薙伐ノ一点に於テハ、能ク前轍《ぜんてつ》（前の人の失敗）ヲ鑑《かんが》ミ、将来ヲ占考（選考）シ、必ス噬臍《ぜいせい》（臍《ほぞ》をかむ）ノ悔（後悔）ナカランコトヲ要ス。

と、田代のマラリア撲滅へのアイデアは、山林をなぎ倒し縦横の道路を開通させ、汚い谷や沢の間の草むらも焼き払い、うっそうとした雑木も焼き払って役に立つ木を植えれば、次第に人口も増えていく。ただし、山林伐採に際しては前の人の失敗をよく考え後悔しないよう慎重に進めてほしい――と、提案しています。

人頭税に苦しむ島々

明治政府は一八七三（明治六）年七月、地租改正を行い、日本に初めて土地に対する私的所有権を確立、さらにこれまで貢租は米による物納制度でしたが、これを全国統一の課税制度に改め、土地の価値に見合った金銭を所有者に納めさせたのです（当初三％、明治十年に二・五％に改正）。

八重山の女性は納税用の「八重山上布」を織り続けた＝石垣市

ところが琉球処分（一八七二〈明治五〉年〜一八七九〈同十二〉年）を断行した政府は、琉球支配層や朝貢国・清国の反発を恐れて沖縄県だけは琉球士族への懐柔策として税制を含めて古い制度を尊重（旧慣温存）することにしました。

琉球国は一六〇九（慶長十四）年春に薩摩藩が侵攻して以来、薩摩の服属国となって通商と技術の伝播を義務付けられていました。つまり薩摩藩にも清国同様の朝貢の義務が生じたのです。と同時に琉球国の支配下にあった奄美も薩摩藩になりました。困った琉球王国は一六三八（寛永十五）年からそのツケを「人頭税」という形で先島列島民に押しつけました。

人頭税とは十五歳以上の年齢に達した男女に否応なく先島

（宮古諸島と八重山諸島）にのみ課税する非常に差別的な税制です。男子は一人当たり一石八升余（約百八十キロ）のお米、女子は一人当たり上布（五人分の着物が縫える薄地の良質の苧麻《ちょま》布または綿布を混ぜた麻織物）の上納です。このため、島の婦人たちは一年のうち八、九カ月も昼夜この織仕事に駆役させられて、子を育て家計を営む暇がない、誠に憐れむべき生涯を送っていました。

王国への納穀だけではありません。島の士族の要求もあり、生産量のほとんど召し上げられたようです。永山規矩雄氏著『田代安定翁』によると、八重山の人頭税は、

年の豊凶に係らず定額を納入せしめ、其後多少は貢額の減少を見たが、尚ほ事實に於て苛酷なる徴税を課せられてゐる。即ち士族平民共に男女により差異はあるが、平均一人に付き二俵宛てに當ってゐる（一俵は約三斗）。而して平民農家の如きは、所遣米《ところづかいまい》（独特の地方税）なるもの年々一人に付き二、三俵と、さらに村吏役なるもの三俵より五俵、場合によっては十俵も負担するのである。

と、その重税ぶりを紹介しています。

当時、農業をするのに必要な農具や運搬用具も貧弱で肥料も十分でなく、病害虫被害や台風常襲地帯で干ばつもあり、収穫量にも当然ムラがありました。女性にも税を課すというのは極めて珍しいといいます。島の女性が織った上布は琉球王国へ貢納されたばかりでなく、さらに薩摩藩に貢納されました。八重山上布は一名「薩摩上布」として一部市場に流通したようです。まさに人頭税は宮古・八重山の人々に重くのし掛かった税制（『人頭税廃止百周年記念誌　あさぱな』）で、一九〇三（明治三十六）年、金銭納税の本土並みになるまで二百六十五年もの長き

にわたって宮古・八重山諸島の島民を苦しめ続けた悪法だったのです。

理想郷めざし集団離島

八重山の最南端に波照間島があります。一六四八（慶安元）年、波照間島の住人約四十人が、厳しい重税に耐えかね「パイパティローマ（南波照間）」をめざし脱走。その責任で波照間大屋子（在地の有力者に与えられた職名）が免官になったと、琉球国府の記録である『八重山年来記』にあります。それによると、

波照間村之内平田村百姓男女三四、五拾人程、大波照間与申南之島江欠落仕候。

と、記述があります（『人頭税百周年記念誌　あさぱな』から）。「パイパティローマ伝説」と符合します。重税を逃れて集団脱走した事件は歴史的な事実のようです。伝説と『八重山年来記』の違いは、伝説ではヤグ（屋久）村となっていますが、『八重山年来記』では平田村、同じく逃げた島は記述で「大波照間」ですが、伝説では「南波照間」と語られています。首里王府の過酷な人頭税と強制労働、役人たちの私利私欲的な暴圧に耐えかねて、ヤグ村のアカマリに率いられた村人が、年貢を積んだ上納船もろとも盗んで南の楽園を求めて集団離島した、というのです。離島した後、二、三人が波照間島へ偵察に密かに帰ってきてその後の形勢を窺《うかが》ったようですが、人頭税は相変わらず元のままだったので、断じてその後は、もう姿を現さなかった、といいます。

田代安定もこの話を『東京人類学雑誌』第272号に、同様の趣旨の「南波照間物語」として書いています。

そこで思い出すのが、南島の人々が「理想の島」と意識している、神々の住む永遠の楽土「ニライカナイ」のことです。

波照間島の住民もその理想郷を求めて船出したのではないでしょうか。現実に「大波照間島」や「南波照間島」は存在しません。その島はいったいどこの島でしょうか。沖縄県は一九〇七（明治四十）年、「パイパティローマ」の所在を求めて台湾東南部の離島、火焼島と紅頭嶼（蘭嶼島《らんゆうとう》）を波照間島民の脱走地だったと考え、県技手を二度にわたって派遣・探検させています。

田代安定も大叔父の漂流地探しと連動して自ら火焼島と紅頭嶼に渡りましたが、大叔父の痕跡は見つかりませんでした。

また与那国島にも人頭税の苦痛に耐えかねて「はいどうなん（南与那国島）」に島抜けしたという話が伝わっています。現実に南与那国島は存在しませんが、苦しい現実を逃れるため、はるか南に理想郷ニライカナイを思い描くのも分かるような気がします。

人頭税逃れにむごい人口減策も

与那国島にはさらに収穫量と納税者の均衡を図るために、島民たちが、むごたらしい人口減少策を実施した悲劇が伝わっています。その一つが「人舛田の伝説」です。満十五歳から五十歳までの男性は、例えば体が不自由な者にも人頭税が掛かります。しかし、島の収穫量には限りがあります。そこで、出し抜けにドラや太鼓を打ち鳴らし、島民の男性を「とうんぐだ（人舛田）」に非常招集をかけます。人舛田は天水田でしたが、当然全員は入れません。

走力の弱い身障者たちは入れない者が多かったようです。入れなかった弱者は哀れにも殺されたという悲劇です。

また、与那国島に「くぶらふりし」と呼ばれる海岸に露出した岩場（長さ約十五メートル、幅が広い所で約三・五メートル、狭い所で約一メートル、深さ約七メートル）がありました。これを「久部良ばり」といいます。「ばり」とは、方言で「割れ目」のことです。ここに島の妊婦を集め、割れ目のこちら側から向こう側へ跳躍させ、人口の調整をしたというむごい話も伝わっています。妊婦は無事、割れ目の向こう側へ渡れても、体に強い衝撃を受けて堕胎の可能性も大きかったようです。失敗すると、そのままあの世行きです。

人頭税廃止百周年記念碑＝八重山博物館前

大浜信賢氏著『八重山の人頭税』によると、一六三七（寛永十四）年の人頭税と、一六五九（万治二）年の定額人頭税は特にひどく、八重山農民に奴隷以下の言語に絶する苛斂誅求《かれんちゅうきゅう》を強いて「その苦しみをわが子にまで味わわせたくない」と観念して堕胎、間引き、赤子埋葬などが半ば公然と行われ、ついに八重山の人口は激減しました。

人頭税のほか、所遺米や村吏役地米も負担させられている八重山農民を見た田代安定は、こうした不平等な税制は即刻廃止すべきだ、と考えます。その方法として最初の二年間は特旨をもって無税聞き届令を敷き、この期間に金銭の流通はもちろん、糖業その他の事業を拡張し、農民らの民力をつけさせて三年目から従来の現穀納を廃止すべき。そうして新たに金納法に改革し、お金が入り、貯蓄十分になるときに地租を改正して内地同様の地租を納めさせるべきだ――と大胆な構想を述べています（「収税法改正の事」）。

しかし、この訴えに政府は首を振りません。八重山島民はなんと、二十世紀が始まるまで実に二百六十数年もの間、人頭税に苦しみ続けました。人頭税が廃止されたのはようやく一九〇三（明治三十六）年になってからでした。明治維新が実現してもなお、先島島民は世界的にまれな人頭税に苦しんだのです。

悲劇の寄人《よせびと》政策

薩摩藩の琉球王国侵攻以来、王府財政は急速に貧窮していきました。従来王府財政を支えてきた対清国貿易の利益は、薩摩藩に吸い上げられて財政のバランスが崩れ、その対策に王府首脳は増収対策に膏血《こうけつ》を絞りました。それが、国相に就任した蔡温《さいおん》が一六三七（寛永十四）年から実施した「寄人」（移民・寄百姓ともいう）と呼ばれる政策で、耕作地の余裕がある島へ農民を強制的に移住させるという、八重山開拓の強行でした。

この政策は表面上は地元村からの請願の形を取りながら、実際は王府による強制移住であり、人口の比較的多い集落を有無を言わせず、「道切」といって道路を挟んで向こう側とこちら側に分けて、一方を強制的に石垣島や西表島へ移住させるというものでした。これで親子兄弟はもちろん、恋人同士であろうと容赦なく引き裂いたのです。

八重山を開拓し、稲作の増産を図ろうというだけあって、新移住地は確かに肥沃な土地が多かったのですが、移住地はほとんどマラリアの有病地で、在住島民が古来、生活を避けてきた所でした。当然、マラリアで廃村になった場所に新村が続出したのです。

それでも強制移住策を続ける琉球王国でした。

歌われている八重山民謡のほとんどが、強制的な寄人により引き裂かれた悲しみを語るものです。寄人政策は十七世紀から十八世紀にかけて行われ、特に十七世紀に集中しています。

『八重山歴史読本』によると、例えば黒島島民は一六九二年、一七〇〇年、一七一一年、一七三二年にそれぞれ石垣島に寄人されており、一七三二年には石垣島の野底へ約四百人が移住させられています。

八重山諸島を大津波が襲い、石垣島を中心に八千四百八人が行方不明になった「明和の大津波」(一七七一〈明和八〉年)後、さらに黒島や波照間、竹富島からの寄人が相次ぎました。黒島や竹富島には水田がありません。移住の対象者ではなくても、人頭税で米納が義務付けられている新城島や鳩間島など西表島に近い島では、サバニで西表島に渡って米作に精を出す、出作農民も多くいました。

石垣島西北部の野底岳(標高二八二メートル)は、頂上が三角形に尖っていて独特の形をした山で、山頂は別名「野底マーペー」と呼ばれています。悲話が「チィンダラ節」という有名な民謡として歌われています。『石垣島　村むら探訪―野底・伊原・開拓の村・桴海《ふかい》・安良』によると、一七三二(享保十七)年、王府は野底に新村をつくることになり、黒島の約四百人が強制移住させられました。その中に「マーペー」という娘がいました。彼女が悲劇の主人公です。マーペーには「カニムイ」という恋人がいました。カニムイは「道切」で黒島残留組です。マーペーとの仲を裂かれたのです。マーペーは故郷の黒島とカニムイのことが忘れられません。「せめて黒島の島影だけでも拝もう」と、野底岳に登り、望郷の念を強めていました。

しかし、南側を覗いても黒島の島影は前にそびえる於登岳《おもと》に阻まれ、懐かしい黒島は見えません。それでも毎日のように野底岳に登るマーペーの姿がありました。そしてついにマーペーは頂上に立つ石になり「野底マーペー」と呼ばれるようになりました。それで野底岳の山頂は独特の形の山になったということです。

旧野底集落はマラリアが蔓延して、一九三四（昭和九）年に廃村になりましたが、現在の野底集落はその後の移住者が築いた集落です。民謡「チインダラ節」は、このマーペーの話に由来しています。

また、波照間島から西表島崎山に強制移住させられた人たちの嘆きを歌った民謡が「崎山節」です。その歌詞を標準語に直すと、

「乞い願わくば琉球国王様よ、村の役人、私一人の考えではない。ただの出来心ではない。琉球国王のご命令であり、お上のご意志である」

という寄人政策（人配）悲話が語られています。田代安定も島人たちが人頭税の苦しさや寄人制度の不条理さを歌った民謡を、あちこちで聞いて同情し、「これは改めないといけない」と決意したことでしょう。

マーペー伝説が語られる野底岳山頂

このような悲惨なことはもう断ち切る必要があるので、安定は『八重山群島急務意見書』の中で、

（陋習《ろうしゅう》ヲ打破シ）、愚黠（黠《さと》=ずるい？）姑息《こそく》ノ流弊《りゅうへい》（前々から行われている悪い習わし）ヲ洗除シテ、漸次

圖（同）島ニ皇化ヲ洽《あまね》カラシメズンハアル可ラズ（と主張して、さらに）、或ハ時アリテハ支那関係等ノ為メヲ顧ミ旧慣改革ヲ異議（相手の意見を不服として述べる議論）スル者アルヘシト雖《いえど》モ、如此ハ一ノ過慮《かりょ》（思い過ごし）ニシテ苟《いやし》モ一タビ國旗ヲ掲ケテ外國ニ我カ版圖（図）タル事ヲ旌表《せいひょう》（人の善行をほめて世人に知らせること）セシ以上ハ、是等ノ点ニ寸歩モ躊躇《ちゅうちょ》（ためらうこと）スベキニアラス（後略）。

と述べ、当時、清国や、あるいは沖縄内の旧支配層、士族の顔色を見て、旧慣墨守に明け暮れていた明治政府及び出先である沖縄県の優柔不断ぶりを暗に批判し（三木健氏『八重山近代民衆史』）、英断を持って本土と同じ税制を施行すべきだ、と要求しています。

田代安定は、これらを有無を言わさず早急に実施するには、八重山を沖縄県に任せず、重要な特殊地帯として中央政府（内務省）に直属させ、事業管理所を設けて内務農商務省兼任の理事官を置いて全権を持たせて実行させることだ、と大胆な提案もしています。

西表炭坑の開発

西表島は竹富町に属する八重山一の大きな島の割には、熱帯雨林や湿地帯も多くマラリアの有病地帯で人口も比較的少ない島です。この島に「燃える石」の伝承が伝わっています。それによると、

昔、西表島の成屋村という小さな村で、ある朝、村の石戸少年が箒で庭の落ち葉を集めて焚火をしました。

しばらくその火に暖まっているうちに、妙に鼻につく匂いを嗅ぎつけました。「変だな?」と思っているうちに、石垣の下積みになっている〝黒い石〟に、火が燃え移っているのに気づきました。石戸少年は驚いて「石垣が燃えている!」と、父親を呼んで来ました。駆けつけた父親も石垣が燃えているのを見て驚き、桶を持ってきてやっとのことで火を消し止めました。それからこの〝黒い石〟は「燃える石」と呼ばれるようになりました。

これが後世に「石炭」と呼ばれるものなのです。これは十七世紀後半から十八世紀に入ってからの伝承と思われます。西表島は第三紀中新世に堆積した八重山層群と呼ばれる砂岩や頁岩《けつがん》の地層から成っています。この地層の間に厚さ約八十五~九十センチの石炭層が三~四枚挟まっているそうです。

幕末に米国のペリー艦隊が浦賀に来る前、琉球列島で蒸気船の燃料になる石炭探しにやっきになっていました。琉球王国は、西表島に石炭層がある事実を極秘にして、島の人々に「石炭が露出した面は、樹木を植えて隠すように」と通達していました。そんなとき、西表島の石炭について、石垣島の大浜加那が鹿児島の商人・林太助に教えたため、琉球王国は大浜加那を波照間島に十年間の流刑にした「石炭加那事件」も発生しています。

田代安定も西表島の石炭の存在を知っており、一回目の八重山行きの報告書『沖縄先島廻覧意見書』で、

本島(西表島)ニ石炭ヲ産スルハ世人ノ知ル所ニシテ、往年工部省吏員某出張シテ検査サレシ由ナレハ、自《おのずか》ラ本人ノ説アルヘシ、又タ、聞ク処レハ(聞く処によれば)嘗《かつ》テ鹿児商(鹿児島商人)某、若干ノ資金ヲ擲《なげう》チ、奮発開坑ニ周旋(斡旋)セシモ、故障ノ為ニ遂ニ実施ニ至ラスシテ止ミタリト。且ツ、炭脈闔《こう》島《とう》(同島)ニ連絡シ、其層厚キハ三尺ヨリ四尺ニ超ヘ、薄キハ一尺ヨリ二尺に至ルト云フ。此品果《はたし》テ純良ノモノナラハ、

小ニシテハ那覇往復汽船ノ用ニ充《あつ》ヘク、大ニシテハ我海軍用若クハ各地ノ輸出ニ応セン乎《か》。願クハ、更ニ官ヨリ相当ノ鉱山吏員ヲ派遣サレ、十分実施ヲ検索シテ、将来開坑ノ可否ヲ公衆ニ告示サレンコトヲ。

と、この開発を訴えています。田代安定の二回目の八重山調査に同行した林太助によると、田代らが石垣島で第二次調査をやっていた一八八六（明治十九）年三月、内務大臣の山縣有朋が、石炭開発をもくろむ益田孝・三井物産社長とともに民情視察のために西表島を視察しています。山縣大臣らは、汽船・長門丸で横浜を出港し、鹿児島・奄美大島を経由して西表島を見学した後、石垣島にやってきました。民情視察とはいえ、帰路は西の国境にあたる五島列島から対馬に向かっており、南端の守りをいかにするかということとともに石炭開発が大きな目的だったと見られます。

石垣島で山縣大臣は田代らと面会して「西表に集治監（刑務所）を設置して警保局に属せしめ、内地（主に南九州）の囚人を収容し、開墾その他の仕事に従事させるという意見を持っているので、その方面の調査も併せてやってもらいたい」（三木健氏著『八重山民衆史』）と指示しました。

しかし内心田代安定は、山縣のこの考え方には賛成できなかったようです。田代は「囚人は移入せず、むしろ良民を送って開発を指導せしめるのが良策である」というのです。そして「囚徒使役の事」では、

集治監のことは同島の開発のため賢明の策ではない。万一囚人を八重山に送るとすれば、石垣島に新設の八重山管理所の本署を置き、西表村（石炭事業）及び南風見村（蔗糖事業）に支署をおいて、理事官の意見に従って使役し、放免の期に至れば、土着を欲する者はこれを許し、帰郷を望む者はその意に任せて良民移住の下

準備をしなければならぬ。（永山規矩雄氏著『田代安定翁』）

と、山縣大臣らとは一味違う意見を持っていました。

石垣島寄港の前に長門丸の山縣大臣や益田社長は、島の西部地区の船浮湾に碇を下ろし、船浮港近くの三井物産が試掘した内離島《うちばなり》（地名）の現場を視察しました。山縣大臣が船浮港とともに関心をはらった西表炭坑もやはり軍事との関係がありました。船浮湾は入り江が深く軍港に最適でした。同炭坑は、船浮とは近接した場所にあり、軍港のごく近くで燃料が調達できることは、軍事的に好都合で、優れた補給基地に成り得たのです。安定も船浮港に砲台を設置することを述べています。

炭坑視察から帰った三井物産の益田社長は、一八八六（明治十九）年二月から内離島の北面、東面合わせて約十三万六千坪の採掘許可を受けて坑夫約百三十人を使役して採掘を始めました。これにはさらに島に設けた仮監獄の懲役刑の約百四十人も採掘に加わりました。笹森儀助著『南嶋探験』によると、西表の採掘量は「一日凡百噸トシ、一ヶ月凡三万六千噸採掘スル見込ナリ」といいます。

これらの石炭は中国の福建、厦門、香港などに輸出されていました。しかし、西表炭坑はその後、マラリアのため死亡する労働者が続出し、ついに三年後には採掘中止されました。

しかし、石炭の魅力は高まるばかりで、その後も元琉球王家尚家などが経営する中小炭坑が、採掘場所を本島の西北部まで次々と拡大させましたが、いずれもマラリアのため撤退を繰り返していました。

それでも最盛期（一九三六、七〈昭和十一、二〉年）には日本各地や台湾、中国、朝鮮などの労働者約千四百人が集まり、年間十二、三万トンの石炭を産出していました。

労働者は前近代的な「納屋制度」のもと、島に赴任するまでの運賃や斡旋料などの借金を負わされ、いわゆる〝タコ部屋労働〟を強いられました。「納屋制度」とは、坑夫の身上保証、坑夫の作業割り当て及び現場監督を行い、さらに賃金を一括して受け取る納屋頭が一人一人に給付する仕組み（三木健氏著『沖縄・西表炭坑史』）のことです。しかし、実際には、給料はほとんどまともに支払われたことがなかった、といわれています。

給料の代わりに「炭坑切符」と呼ばれる〝私製貨幣〟が支給され、会社が経営する売店で食料や日用品と交換するのです。

「炭坑切符」は逃走防止にも役立ちました。離島ゆえ逃げてもすぐ連れ戻されます。斡旋者の甘い言葉にだまされて一度炭坑にやってくると、二度とやめては帰れないのが実情でした。

それればかりではありません。島一帯は熱帯雨林でマラリア蔓延地域。衛生状態も悪く、ひどいときには九〇％以上の労働者がマラリアに感染する有様で、死亡する炭坑夫も多かったようです。

石垣幼稚氏が、自らもマラリアに罹患した田代安定も、マラリアの撲滅が八重山開発のキーワードであると考えていたことを、一九二八（昭和三）年十二月五日付「八重山新報」で「田代安定と八重山」の連載記事の中で「衛生方法の事」を現代語に直して、次のように書いています。

　本群島には世人の最も恐怖するマラリアが多いから衛生方法を講ずるは最も必要である。現時診療所はあるけれども、今後の創業には尚不十分だから更に之を拡張し石垣島には施設完全の病院を新設し、西表島其他に支院を置き、此の経費は官費を以て主とし、民費を以て補充する方法を執り、島民をして殆ど無料に近き診療治療を施してやるべきである。

当初炭坑があった西表島の西側は廃村跡が多く、道路は西部の白浜と、西南部は南風見田の豊原間はまだ開通せず、陸の孤島のままで、船浮港や内離島には今でも舟をチャーターしないと渡れません。道路開設は現在も課題ですが、田代も『八重山群島急務意見書』の「道路開修ノ事」の項で、

（前略）道路ノ不便ナルハ実ニ言ヲ俟《ま》タスシテ豫メ道路ノ便ヲ開カサレハ運輸ハ勿論何事ニモ障礙（障害？）ヲ及ホセリ。而シテ其開修（改修）ノ尤《もっと》モ急ヲ要スル所ハ石垣西表ノ両島ニシテ、従来ノ道路ハ実ニ不充分ニシテ、所ニヨリテ少シク整頓セシ箇所アリト雖モ、海岸ノ如キハ潮候ニ随テ往来スル場所等モアリヌ。又ハ川溝沼沢間ヲ往来スル場所モアレハ、橋ヲ架シ水ヲ排シ以テ人馬ノ往来ニ差支ナカラシムヘシ（後略）。

そして、囚人と地元の労働者をこの工事に従事させれば、建設費も比較的安くなるでしょう――と田代は提案しています。

丸三宇多良炭坑跡を見る

島の北西部の浦内川の密林奥深い所に二〇〇七（平成十九）年に認定された日本最南端の近代化産業遺産の一つ、丸三炭坑の宇多良炭坑跡を二〇一五（平成二十七）年四月に訪れました。丸三宇多良炭坑は昭和十年代の最盛期に、のち〝西表炭坑王〟と呼ばれる野田小一郎が浦内川の支流・宇多良川沿いのジャングルを切り開いて一大炭坑村を

出現させたといわれます。坑主・野田は、元々納屋頭をしていたため坑夫の扱いに長じており、炭坑景気の追い風に乗って炭坑夫約四百人を雇って瞬く間に西表一の大炭坑の経営者にのし上がりました。

今はレジャー客でにぎわう浦内川の船着き場ですが、そこまで車で行くことができ、上流に向かって山道（遊歩道）が約一キロ続いています。この遊歩道は二〇一〇年に林野庁が整備したもので、それまでジャングルに埋もれたままでした。右手に川を眺めながら熱帯特有のシダ類をかき分けアップダウンを繰り返すうちに木道が出現し、石炭を運ぶトロッコの支柱跡などの鉄製の構造物が樹木に複雑に絡まっていて、いかにもジャングルの中の炭坑跡であることを実感させます。

ジャングルの木根に絡まった宇多良炭坑跡のトロッコの支柱

ここに四百人を収容できる総二階建ての独身者宿舎や夫婦者の納屋十数棟、三百人を収容できる集会所を兼ねた劇場、坑夫たちの子供を学ばせる私設小学校、病院などの一大炭坑村があったのです。道路はコンクリートで舗装、上下水道まで完備され、実態を知らない人には「桃源郷」とまで形容されたそうですが、手配師の甘い言葉に騙されて来た坑夫たちにとって、納屋制度にがんじがらめにされた重労働の現場でもありました。坑夫には台湾人や朝鮮人もいたそうです。逃亡して連れ戻されると、〝人繰り〟と呼ばれる労働管理者から見せしめのリンチが待っていました。時には死にいたるほどの壮絶なリンチが加えられたといいます。まさに「圧政炭坑」と恐れられた炭坑だったのです。

圧政炭坑は逃げようとして捕まり暴力で死んだ男やマラリアにやられて死んだ人など、死人は日常的で、同僚の手で近くのジャングルに埋められました。

岡山市の中塚節子さんから「西表炭坑に関する終戦悲話の資料があります」と新聞切り抜きが送ってきました。その新聞切り抜きによると、終戦前、脱走を図った徳島県出身の少年が「島で死んだ同僚の遺骨をふるさとへ帰せる方法がないか」と朝日新聞大阪本社に入れた電話から、「脱走少年は生きていた」という見出しの記事になり、一九七七（昭和五十二）年八月十四日付の紙面で、西表島の戦時中の「圧政炭坑」の終戦悲話が報道されたのです。

それによると、報道当時、大阪市浪速区の旅館業、谷内広さん（当時四十八歳）は那覇で「しばらく働けば、黒檀のタンスを持って帰れる」という甘い話で西表島に渡りました。ところが実態は、一メートル四方ぐらいの坑口があり、ここにもぐり込み、体を横たえてツルハシを振るう毎日。谷内さんはまもなくマラリアを発病、まともに〝私製貨幣〟の「炭坑切符」も貰えない。おもゆは出してくれるが、手が震えてこぼしてしまう。たちまちやせ細ってしまいます。

これでは死期を迎えるだけだ、と観念した谷内さんは終戦まもなく、石垣島のマキ燃料運搬船に潜り込み、船底のカマス袋に隠れました。船の人たちも少年には目をつぶってくれました。しばらくして現地徴用の六人とともに、漁船で高知県の土佐清水港から故郷へ生還しました――。

谷内さんは「朝鮮人を含め周りの五、六人が次々と死んでおり、宿舎近くに、みんなで穴を掘って埋葬しました。これらの遺骨を捜して故郷へ返したいと話した」といいます。また、『沖縄戦記記録八重山編』の執筆者で当時、八重山高校教諭の石垣久雄さんは、このニュースに「あの十六歳の少年が、脱出後、どうなったか気がかりになっていた。たくましく生き続けていたと知って、うれしい」と語っていました。

最奥部に二〇一〇年に立てられた小さな「万骨碑」というマラリアなど炭坑で犠牲になった多くの人たちの霊を慰める慰霊碑が木々に見え隠れするように立っており、著者は、地獄の苦しみの中で亡くなった坑夫の霊に手を合わせました。谷内さんらがご遺体を埋葬したのは、どの辺りだろうか、と思いながらあちこちと合掌しました。

帰り道に宇多良炭坑跡が見え隠れします。この畔にはマラリアで亡くなった遺骸を埋めていたといわれています。「ここに埋めよう」と土を掘り返すと、そこには以前埋葬したらしい遺骨が累々と出てくる箇所があるなど、まるで地獄絵を見るようなおぞましい話の数々を思い出し、身震いしました。

この宇多良炭坑は、太平洋戦争がはじまると炭坑夫の軍隊への招集や石炭輸送の寸断などによって一九四三（昭和十八）年には閉鎖状態になり、やがて空襲を受け施設は崩壊。戦後は米軍がわずかに採掘を試みたもののやがて放棄しました。

波照間島民のマラリア禍

八重山のマラリア禍は戦後まで続いたのです。第二次世界大戦時に旧日本軍が島民をマラリア有病地帯の石垣島（裏石垣）と西表島に強制疎開させたため、アメリカ軍占領下の旧八重山民政府衛生部資料によると、八重山の人口三万千六百七十一人中マラリアによる死亡者は三千六百四十七人と、戦争犠牲者の約二十倍に達しました。これを「戦争マラリア」と呼んでいます。

その中でも旧日本軍が行った波照間島全住民の西表島への強制疎開命令が大きな悲劇になっています。この実話は南風原英育著『マラリア撲滅への挑戦者たち』や、沖縄国際大学の石原ゼミの学生らが集めた証言集『もうひとつの沖縄戦』などで明らかになったものです。

戦争末期の一九四五（昭和二十）年三月に波照間島民千五百八十人を旧中野学校の某特務兵が島民の反対にもかかわらず、強制的に西表島南風見田《はえみた》に強制疎開させたことに由来します。疎開者たちは集落ごとにカヤぶきの粗末な疎開小屋を造り、共同生活を続けました。

南風見田は怖いマラリアの有病地、瞬く間にマラリアに罹患し、旧国民学校の児童五十人を含む八十五人が相次いで死亡する始末。ほとんどの疎開者が感染者だったといいます。識名信升《しきなしんしょう》校長が密かに石垣島に渡り、八重山守備隊の宮崎旅団長に惨状を訴えて、三カ月後にやっと帰島できました。

南風見田では、子どもたちに学校はなく、海岸の岩場の青空教室での勉強です。識名校長は帰島前、密かにヌギリパ（鋸の歯）といわれる岩礁の一角に「この場所で勉強したことは決してわすれるな。強制疎開のせいでマラリアに罹り死んだ児童の霊を慰める」という意思で「忘勿石　ハテルマ　シキナ」と渾身の力を込めて彫り込みました。この石の存在が一九五四（昭和二十九）年に発見され、この石の近くに新たに立派な「忘勿石の碑」が建てられ、毎年、慰霊祭が行われています。識名校長の本物の「忘勿石」は目につきにくい波打ち際にありますが、判別できないほど風化しています。

島民はようやく帰島したとはいえ、食料も乏しく、ソテツを食べて飢えをしのぎましたが、その後もマラリアの死者は四百七十七人に上り、島は地獄絵そのものだったといいます。

八重山諸島のマラリアが撲滅されたのは、なんと一九六一（昭和三十六）年十一月でした。最後の患者も西表島大原の五人でした。

西表島南風見田にある識名校長が彫った「忘勿石」

「忘勿石」が発見された後建立された「忘勿石記念碑」。毎年慰霊祭が行われる

各島の人口増加策

田代安定の『八重山取調始末記外篇』に載っている群島内の十三島の実測によれば、従来、石垣島の周囲は十六里(六十四キロ)余といわれていましたが、実測では同三十里(百二十キロ)余でした。同じく西表島も同十五里(六十キロ)といわれたものが、実際には同三十二里(百二十八キロ)余、小浜島も同三里(十二キロ)といわれたものが、田代の実測では同四里(十六キロ)余で、群島十三島の総周囲は、同四十八里(百九十二キロ)といわれたものが、田代の実測では実に同八十七里(三百四十八キロ)余でした(田代安定一行は与那国島だけは実測を行っていません)。

なぜ、従来の説と大幅に違ったのでしょうか。理由の一つが「なるたけ島を小さく公表して、これ以上、人頭税が高くならないように」とした島民の生活の知恵ではなかったか、と著者は思います。

同じく『八重山群島創業意見』によれば、当時の群島の人口は一万三千八百人余ですが、現在は石垣市・竹富町・与那国町合わせて五万四千八百人余です。当時の人口を琉球列島の他の島と比べれば宮古島が三万人、鹿児島県の徳之島が一万七千三百人余、沖永良部島は一万五千人余です。

なぜ八重山は人口が極端に少ないのでしょうか。あまり知られていませんが、一七七一(明和八)年四月二十四日午前八時ごろ、石垣島白保の東南東約四十キロを震源とするマグニチュード7・4の巨大地震が発生しました。直接の揺れの震度は4程度でしたが、間もなく高さ最大約三十メートルの大津波が八重山一帯を襲いました。この津波で八重山全人口のうち、九千三百十三人が一気に亡くなりました。

石垣島では津波は宮良海岸付近から上陸して磯辺川や轟川などに沿って一挙に島の深部まで浸入し、島の中央部から南部にかけての田畑や家屋、人畜を飲み込みながら、名蔵湾方面へ通り抜けました。またこの津波により、島を取り巻く岩の塊が陸上へ押し上げられました。同時に黒島や新城島などの各離島では、津波の余波が島全体を洗い流しました。宮古島、多良間島でも大きな被害がでました。

激甚災害地の石垣島白保地区では人口の九八％が犠牲になり、八重山の人口の実に三二・一％を奪った巨大津波でしたが、ただ、反面、竹富島は平たんな島にかかわらず、島での津波死亡者はゼロ。被害に遭った人は当日、石垣島へ渡っていた二十七人だけだったといいます。これは島の東側にある大きなサンゴ礁がバリアになって一部が冠水しただけで済んだということです。

巨大津波にかかわる被害はこれだけではありません。耕作地の流失とそれによる食糧不足。八十年間にわたる飢饉や疫病、それにマラリアの発生の追い打ちで人口は半減してしまいました。

田代安定はその後の八重山の状況を『八重山群島創業意見』で、次のように述べています。

気候照和土質沃饒ニシテ水利ニ富ミ草木暢茂シテ無限ノ富源ヲ含有スト雖モ、尚ホ人煙稀疎（人家がまばら）土地荒漠ニシテ所謂蠻煙瘴雨《めんえんしょうう》（病気を含んだ雨）ニ壓當《おさえ》セラレル処、蒼々茫々《そうそうぼうぼう》（草木が広くはるかなさま）トシテ畧《ほ》ボ無人島ノ看アリ。故ニ農業製作ヨリ衣食住其他凢百ノ風俗ニ至ルマデ総テ太古ノ容態ヲ帯ビ、殊ニ衛生殖民上ノ諸点ニ於テハ多少旧慣ノ浸染《しんせん》（次第に感化される）スル所アリ。

それゆえ田代安定も『八重山群島創業意見』で、「政府大ニ人民繁殖法ヲ図ラスンバアル可カラス」と訴えているのです。田代は人口を増加させて八重山の近代化を図るには、まず「内地人民移住」を促進する必要を訴えています。八重山に必要な人は内地から呼び、技術を伝承するため、最初に大工や鍛冶、長老で熟練した農漁猟師、それに削皮匠、製瓦師など約百人は必要です。さらに内地から自費で移住したい者は、その人物を取り調べた後に受け入れます。島の女性には妊娠を奨励し、若い娘と内地の移住者との結婚を奨励して島の近代化と人口増を図ればいい、と指摘しています（『八重山群島急務意見書』）。

サトウキビ栽培を主産物に

田代安定の報告書の一つ『八重山甘蔗繁殖豫算説明』によると、以下のようになります。

将来、八重山の農産物で重要な産物は、何をおいてもサトウキビの栽培に於ける製糖産業です。砂糖の種類は、すべて白糖か一部は赤糖にし、苗の種類は、インドで栽培して、収量も良好な種を選択して移植するとよい。ただ、サトウキビ着手を早めるときは、沖縄本島や小笠原諸島から苗を移植してもいいでしょう。従来はサトウキビ糖の適地であるにもかかわらず、サトウキビ糖の産出はなく、雑穀で我慢しており、宝を放置しています。八重山群島の産物で率先して取り組む品種は、サトウキビであり、我が国の砂糖不足を補い、北海道の砂糖大根による糖業と競争して砂糖生産量を確保し、外国からの砂糖輸入の防波堤になるべきでしょう。

そのために、荒れ果て、雑草の茂るままになっている土地を開墾すれば、おおよそ一万町歩の確保は下らないでしょう。当面、六千町歩をサトウキビ畑に充てると見て、その産出額を示せば次のような表になります。ただし、総反別町歩は八重山各島中、荒地を開墾し、また現在雑穀作地中にサトウキビ苗を挿植するものです。その一反歩収穫量はもっぱら沖縄本島や南海諸島の例に基づいています。ただ、八重山諸島は土地が肥沃ですが、実際の見込みより数割引いて産出額を掲示します。

その製糖価格で、赤糖を一斤あたり二銭、白糖を四銭とするのは、沖縄本島においては直ちに受買人に売渡すため価格下落の極点に達することもあり、離島による新事業のため、多少の損分も見込まざる得ず、それらを折衷して次のような価格を予定しました。

八重山群島蔗糖産額並びに価格予定等表

品目	総産額	総価格	総反別	一反歩	収額	一斤価
赤糖	三千万斤	六十万円	六千町歩	五百斤	十円	二銭
同	四千八百万斤	九十六万円	同	八百斤	十六円	同
同	六千万斤	百二十万円	同	一千斤	二十円	同

右は赤糖の予算で、もしすべて純白糖を製造する場合は、次のようになります。

品目	総産額	総価格	総反別	一反歩	収額	一斤価
純白糖	千八百万斤	七十二万円	六千町歩	三百斤	十二円	四銭
同	三千六百万斤	百四十四万円	同	六百斤	二十四円	同
同	四千八百万斤	百九十二万円	同	八百斤	三十二円	同

『八重山甘蔗繁殖豫算説明』の原文には、石垣島など群島内の十一島別の予算表も掲載していますが、略します。

有望な他の産物

『八重山群島物産繁殖ノ目途』を見ると、田代は植物学者らしく農産植物や山林植物、固有物産、常用物産など、その種類名や用途などを細かく分類、説明しています。

例えば、石垣島は中央部に熱帯原始林が茂り、その周辺は荒地になっています。ここにサトウキビや綿の木を栽培すれば、人口増加の近道のようです。特にサトウキビの生産を促進し糖業の振興を図るべきです。

古来、栽培されていた植物繊維のとれる苧麻（からむし）や同じく植物繊維が取れる黄麻（ジュート）、煙草などもお勧めです。また、良質の茅（ちがや）も多いので畜産振興も大切です。

西表島の石炭採掘は急務ですが、同島も熱帯原始林が多く、山林沼沢が多いので昔から朽ち木が腐敗して鬱蒼《うっそう》としています。ここが、マラリア発生の巣になっているのです。こんなところは焼き払い、風通しをよくすればよい。漁業振興などあらゆる開発は、あくまでも内地からの移住民に指導させた方がいい、と田代安定は主張するのです。

また植物学者らしく西表島や石垣島山中に自生している紫檀《したん》や黒檀・桑樹等のような良材は、さらに増殖させて保護します。さらにキナ樹、マホガニー、チーク木などを育成させるべきで、「今後山林・農務両局から適当な植物学者を派遣し、さらにその山林を改良・創設して、保護よろしきを得るときは、永世にわたって八重山の一宝庫となるでしょう」と訴えています。

特にマラリアの特効薬になるキナ樹の増殖は急務と主張しています。そして「西表島の熱帯森林は貴重な森なので、皇室の財産である〝帝室御料地林〟に編入すべき」としています。西表島の帝室御料地林への編入の訴えは、永山規矩雄氏著『田代安定翁』にもその後日談が載っています。

それによると、田代安定は当時、宮内省御料局長をしていた岩村道俊（高知県出身）に、「国家として熱帯森林を有し、有用材の保護、造林に編入すべきだ」と訴えていました。岩村局長は「考えてみる」と言ったものの、音沙汰がありませんでした。その後、田代は、奈良原繁・沖縄県知事と共に岩村局長と会うと、この問題を持ち出して膝詰談判しましたが、岩村局長は相変わらず煮え切らない態度でした。その様子に奈良原知事が怒ると、榎本武揚農相も仲裁に入って、ようやく仲直りしたということです。御陵料林設置問題では、奈良原知事と田代が熱心に運動をしましたが、叶えられませんでした。

薩摩出身の奈良原は十六年間も沖縄県知事に在職し、〝琉球王〟の異名をとりました。薩英戦争のきっかけになった一八六二（文久二）年の生麦事件で、英国人に斬りつけたのは「兄の喜左衛門ではなく、弟の繁だ」という説もあります。

また先島にはどの島にも塩田が一つもありません。食塩は常に那覇から移入しており、最適地の石垣島川平海岸に塩田を設けて塩を製造することも急務です。

計画実施できず辞職

田代安定は約十一カ月に及ぶ八重山での身命を賭けた総合調査終了後、復命書（出張報告書）を三十三冊（うち各村細部統計書二十冊）、民家各戸細部図・各島の測量図・開拓用著名郷の実測図を携え、農商務省と内務省に各一組ずつを提出しました。その一方、『八重山島官制改革の建議案』数種を調整し、『八重山群島急務意見書』をまとめて当時の内閣各大臣全員に一通ずつ提出し、この実現を訴えました。しかし、結果的には聞き入れられなかったようです（田代安定著『駐台三十年自叙史』）。

個別に訪問した田代安定に対し、農商務大臣の榎本武揚氏は平素から安定の考えに賛助していたので、今回もとても前向きに対応してくれました。大山陸軍大臣もこれに賛成し、特にマニラ煙草の移植は急を要するだろうと主張してくれました。また、文部大臣の森有礼氏もこれらの改革事項にもっとも強烈な協力態勢で臨み、田代安定の諸企画の実現に尽力しました。いずれも安定の意見に好意的に対応したのです。

しかし、洋行から帰国したばかりの伊藤博文総理大臣は、清国を刺激する恐れのある八重山群島開発の国家事業は「時期尚早」と難色を示しました。長州閥の井上馨外務大臣は、田代安定に対する強硬な反対者の一人で最大の難敵だったため、安定は畢生《ひっせい》（一生の事業）の大目的は達成できそうにありませんでした。その年中、精力的に協力を依頼して歩きましたが、松方正義大蔵大臣はその賛否の中間にあって「山縣内務大臣の了解を取る必要がある」と渋り、肝心の山縣大臣は数カ月も面会をストップした挙げ句、「まだその時期でない」と発言しました。これにより、八重山開発に関する「運動」は、年末にきっぱりと中止しました。

そんなとき、農商務省から昇給の辞令交付で呼び出されましたが、

（前略）昇給辞令ナルヘキモ依然一属官タルヘキハ快シトセザル所ナルモ、忍テ之ヲ受理セント欲シ、松方大臣ニ其可否ノ指示ヲ仰クニ、貴下ノ事ハ森文部大臣引受居ル以テ宜ク、謝絶スヘシトノ事ユエ、此時農商務省ヲ辞職ス。（『駐台三十年自叙史』）

と、あるように、田代安定は森大臣の今後の手立てを信じて、きっぱり農商務省の官職を辞めました。その後、松方氏も田代を学者の世界に入れよう、と考えていましたが、「私は学者になることは初めから考えていません。あくまでも政治の世界で一身を立てたい。自分の希望は内務省です」と田代安定。しかも一家を顧みれば妻も病床に伏し、子どももまだ小さい。食っていくため、森大臣の深意に従い、一八八七（明治二十）年十二月二十三日付で文部省嘱託、東京大学の所属となりました。

行動自由の身となった田代安定は、その後、南海諸島において人類学及び植物調査の件を引き受け、再び沖縄諸島を周歴し、特に宮古・八重山両諸島の細部調査に従事します。

田代安定の愛弟子で元東京小石川植物園長の松崎直枝氏は、鹿児島高等農林学校同窓会誌『あらた』22号の「田代安定先生の事ども」の中で、次のように記しています。

八重山地方の開拓の事業を起こそうという志は、実に「利民済世」が終生の目的でありました。（中略）明治二十三年八月十日の『植物學雑誌』の「田代氏のシダ名称」と題する文があるが、その中で「田代氏は琉球植物を熟知するに於いては本邦随一の人也。大學貯蔵シダ標本を閲覧して氏が奇品を多く検出したるに感服せり。（中略）ここに挙げる事左の如し。和名は皆田代氏の命じたものなり」。

スジヒトツバ　イリオモテイシシダ　モモジマシダ
コケシダ　シロヤマシダ　スカボシクリハラン
シゴクヒメワラビ　タカノハウラボシ　ヤリノホクリハラン

「タシロイモ」の命名者

明治二十六（一八九三）年、田代安定は横浜植木商会に籍を置いていたとき、北海道、青森、仙台、広島、山口、長崎及び熊本地方を巡視しています。その当時の『日本園芸雑誌』に「日本百合花名詮」という題の安定の論文が掲載されています。『あらた』19号（故田代安定先生追悼録）の同名の記事で教え子の松崎直枝氏は、それを複写して紹介しています。その一部「百合」を紹介すると、

○鉄砲ユリ　一名琉球ユリ（鹿児島地方）、高砂ユリ（筑前）。漢名　倒仙ユリ（福州府志）なほ疑ひを存す。

原産地　鹿児島県下大島群島（山野随所）、沖縄県下各島、沖縄本島、久米、宮古、八重山列島（山野随所自然生）

略解　茎高きは三尺（約九十センチ）に達し低きものは四、五寸（約十二センチ〜十五センチ）に過ぎすして能く花を着く。葉はラシン披針状にして質柔厚、花長筒咲にして傾垂し純白色にして峻香を吐く。沖縄及び鹿児島県下の自生地では島民この根球を掘り澱粉を製す。質最も良好にして山滋姑に彷彿足り。しかれども生根のままにては苦味あって菜用に耐えず。

○ウケユリ　原産地　鹿児島県大島群島（加計呂間島、請島・與路島）

略解　山麓林中若しくは沢野間に生ず。本邦では大島群島特産のユリにして世人、往々これを「タモト」

ユリと混同してタモトユリと称すとあれど、穏ならず。また白花のササユリと誤認する者あれど甚だ不適当なるを覚ゆ。寧ろ為朝ユリに較々近くして特殊の種類として別つべきものなり。茎質粗大にしてササユリの繊細なるに似ず。葉は濶披針《かつひしん》状若《も》しくは卵円形をさし、タモトユリの葉よりは軟薄にして、ササユリの葉よりは柔らかなり。花は原産地にあっては四、五月、内地に栽培するものは六、七月にかけて開く。花は長筒をなし傾垂し、形は鉄砲ユリのようで濶大なり。白色にして淡緑暈《ぼかし》を帯び、一種の趣きをなす。佳香馥郁《よしかふくいく》（いい香りがふくいくとする）として畧《むしろ》、タモトユリの香気に似たり。根球粗大にして純白色でヤマユリの如し。

○スゲユリ

（前略）余は去る明治九年鹿児島県下霧島山麓の原野に於いてこのユリ花を採りて当時某の社より預かりおるベルギー国出版の「フロラ、ヱウロッパ」なる園芸花彙《い》中に偶然該種の掲載しあるものについて、講究を究ぐるにシーボルト氏等の新に日本より齎《さい》来せる事を記載しあり。かつ尋常のヒメユリとは全く別種なる事を知れり。又草木図説その他の各種の植物書を検索するに、これを揚せるものを見ず。ここにおいて予は自己に記憶の用に供するために、早計ながらも「スゲユリ」の新名を下し置きけり。本邦産ユリ中、特にこの品に限ってその葉著しく細長にして、川側等に生するものはお話のスガカヤ葉の趣きあるものあるによってなり。スゲユリの名倘（名づけ？）し向来甚だしき呼称なければ、この名を永存せん事を希望するなり。茲《ここ》に一言を附し、諸兄の教示を仰ぐ（以上原文ママ）――とあります。

日本の植物の学名は、如此因って来る理由があって判明して来たものである。その間に於ける先生の努力は実に多大なものである。そしてその時の先生のスゲユリの名は今のヒメユリとして植物名簿に掲げられ、先生の主張は採用せられておらずに、わずかに横浜植木会社の百合花詮中に「スゲユリ」の名が保存せられているに過ぎない。明治二十五（一八九二）年にはやはり東京地学協会から臺灣島事情一班というのがパンフレットとして出ている。

（以下略）

田代安定は常に人間に「有用な熱帯植物」に目を向けて植物の研究を行いました。安定が初めて発見した植物の中で最も有名なものは、沖縄本島中部の恩納岳で初めて発見した「サクラツツジ」と、台湾恒春半島に自生していた「タシロイモ」です。サクラツツジの和名は、花の色を「桜色」と見立てたもので、日本では奄美大島、屋久島、鹿児島の開聞岳、野間岳、大浦、内之浦の山地に限られて自生する一～四メートルのツツジ科の樹木。タシロイモはヤマノイモ科の植物で、その仲間は全世界を通じて二属二十五種、熱帯地に分布します。小笠原では古くから栽培されており、台湾恒春半島の先端にも自生していました。地下茎からは澱粉が取れ、食用に供せられています。他に和名で田代安定の名を冠した植物・鳥類は、「タシロカズラ」「タシロクヅマメ」「タシロラン」「タシロヒヨドリ」などです。

「タシロイモ」はヤマノイモ科で、台湾から日本へ紹介した田代安定に因んで命名されました。別名を「ポリネシアン・アロールート」、または「東インド・アロールート」といい、熱帯地のアフリカ西部から東南アジアを経てオーストラリア北部までの範囲に自生しています。葉の裏面は、目立つ黄色の葉脈が通り、輝くように見えます。花は緑がかった紫色で、高い茎の上に集団となって咲き、垂れ下がった苞葉を付けます。地面を這い、時期がくると、新しい葉が地下の塊茎から生じます。塊茎は硬くシャガイモに似ていて、皮は茶色、内部は白い色です。デン

田代安定が台湾・恒春半島で採取・命名した「タシロイモ」

プンを多く含み、太平洋諸島の特に低地や環礁に住む人々の貴重な栄養源になっています。

第三章　南島の人類学的な調査

琉球の「ノロ」

八重山を調査して、国の八重山開発事業着手を訴えたものの叶わなかった田代安定は、行政官庁には全く嫌気が差し、中央官職を辞職しています。そして森文部大臣が推薦してくれた文部省嘱託、東京帝国大学の所属になりました。大学では従来のような行政経綸《けいりん》（施策）とは全く趣きを異にし、一八八七（明治二十）年、人類学、植物調査、農業生産などの研究に没頭し、八重山調査継続のために渡航が許されました。田代安定は先年まで十分に調査されなかった八重山はじめ沖縄本島、いわゆる琉球国の歴史、地理、宗教、農業生産等の調査研究に着手しました。しかも石垣島や西表島の植物はほとんど全てにわたり調べ上げ、日本の植物学の父・牧野富太郎に「南島植物学の第一人者」と言わしめたほどの学識です。また琉球の風俗習慣等に目を向けた「琉球文化研究の嚆矢《こうし》（物事の始め・最初）」と言ってもいいでしょう。

田代安定はその中で琉球固有の宗教である「琉球神道」、いわゆる「ノロ」について『東京人類学雑誌』に、「海南諸島宗教考」と題して数回投稿しています。と同時に、『沖縄島祭神祝《の》女《ろ》類別表・沖縄島祝《の》女《ろ》佩用《はいよう》（着用）勾玉実検圖解』（東京大学生物学教室図書室所蔵）を発表しています。

琉球神道は、琉球を中心に信仰されていた琉球固有の宗教で、琉球王国時代には事実上の国教として祭政一致体制に編入されていました。現在でも琉球の民間信仰として定着し、琉球固有の多神教宗教です。理想郷と意識されている「ニライカナイ信仰」とか、女性の巫祝《ふしゅく》（神事を司る人、いわゆる「ノロ」）祭事の聖地である御嶽《うたき》にちなみ「御嶽信仰」とも称されています。

田代によると、海南諸島の宗教の根底には内地と同じ「仏教と儒教」があると見えますが、古来、同諸島には一種の固有宗教があります。その宗教の性質を田代は「仏に似て全く仏ならず、儒教に似て全く儒教ならず」と表現し、ノロは本土の固有神道に非常に似ている、と語っています。

また田代は「この宗教は外見上、御嶽の聖地で異様な巫女が神がかりになる姿などから、本土人の中でこれを異端視する者もいるようだが、それは、この宗教の本質を知らないからでしょう」と述べ、祭神の名称や祭祀の模様、祭職の組織など細かに観察すると、神道と気脈が合い通じるようにみえる、と語っています。

この宗派の区域は古来、沖縄、宮古、八重山諸島及び奄美群島に分布し、その他の風俗、例えば言語、容姿、習慣など同じ圏内で、九州と台湾との間に〝小世界〟を表しています。この宗教の特徴は、集落の長の姉妹が務める女性司祭者「ノロ」らが集落にある聖林の「御嶽」で、季節ごとに神に豊作と豊魚を祈ることです。どこの集落にも必ず御嶽があります。琉球国王の姉妹が「最高の司祭者」になることで「ヲナリ（姉妹）信仰」とも言われ、海の彼方にあると信じられる理想郷から「ニライカナイ信仰」と言ってもいいでしょう。御嶽に祀られる神は、その集落構成員と血縁関係を持つ氏祖の女性で、村人の構成員に対し絶対的守護の義務を負っているところから「御嶽信仰」とも呼ばれています。

ノロらは琉球王の姉妹の「最高ノロ」＝「聞得大君《きこえおおきみ》」を頂点に、村々を併合した按司《あじ》と呼ばれる地方的権力者の姉妹のノロも尊称で「ノロクモイ」と呼ばれ、「聞得大君→ノロクモイ→集落のノロ」と、明確に縦に組織化され、祭政一致を行っています。

琉球王国は太陽神《てぃだ》を最高神とする東方信仰を根底においていました。さらに〝太陽が昇る穴〟があると考えられ、その先は神域と考えられていました。反対に西方は「死の領域」と考えられ、忌避されていました。だから御嶽もそれぞれ東方にあります。

また、琉球王国は先島諸島を勢力下に治めるたびに、ノロ信仰をその地に広め、現地の信仰の多くも残し、ノロや八重山におけるノロ職である「司《つかさ》」を置きました。先島諸島の古来の信仰に、八重山全域に見られる「アカマタ・クロマタ」、石垣島の「マユンガナシ」などの秘祭があり、異形の来訪神を迎える祭りが行われます。これらの異形の神々もニライカナイと同じ概念の異界から訪れるものと考えられています。

一方仏教の寺院は、田代安定によれば、臨済宗が最も多く十九カ所、真言宗十四カ所、他に禅宗に属するもの十一カ所ですが、王家は主に禅宗中心です。当時の寺院は王の根拠地・沖縄本島に集中し、離島には伊江島一カ所、宮古島二カ所、八重山島一カ所のみです。沖縄本島の仏教寺院数四十一カ所中十九カ所は首里に、十三カ所は那覇に、島尻地方と中頭地方が三カ所、国頭地方はたったの一カ所です。仏教の伝播は希薄です。琉球王国に仏教が伝来したのは日本本土より大幅に遅れて鎌倉時代。支配階級だけに浸透し、一般庶民にはお盆や彼岸など仏教の年中行事だけが行われています。儒教も同様です。

この他、死霊の憑依《ひょうい》を受けてトランス状態に入り、第一人称でその託宣を述べる口寄せをする呪術宗教職能者が、琉球では「ユタ」と呼ばれています。ユタはノロなど神人《かみんちゅ》から分化したという考え方が多いようです。田代はユタについてアフリカや南洋諸島などに同じような宗教家がいると指摘しています。

田代安定の『沖縄島祭神祝女類別表』によると、集落ごとのノロの人数と職種を間切《まぎり》（地域）別に詳細に調べています。例えば、恩納間切の恩納村はノロクモイ四人、タテモイシラレ神、根神、子ブ取神（男子）、尺取り各一人ずつです。集落によって神名は違います。聖地の御嶽の神拝所名も記しており、沖縄のノロの実態が一目瞭然に分かります。神拝所は最も少ないのが、名護間切の集落ごと一カ所で、最も神拝所が多いのは、高嶺間切大里村の

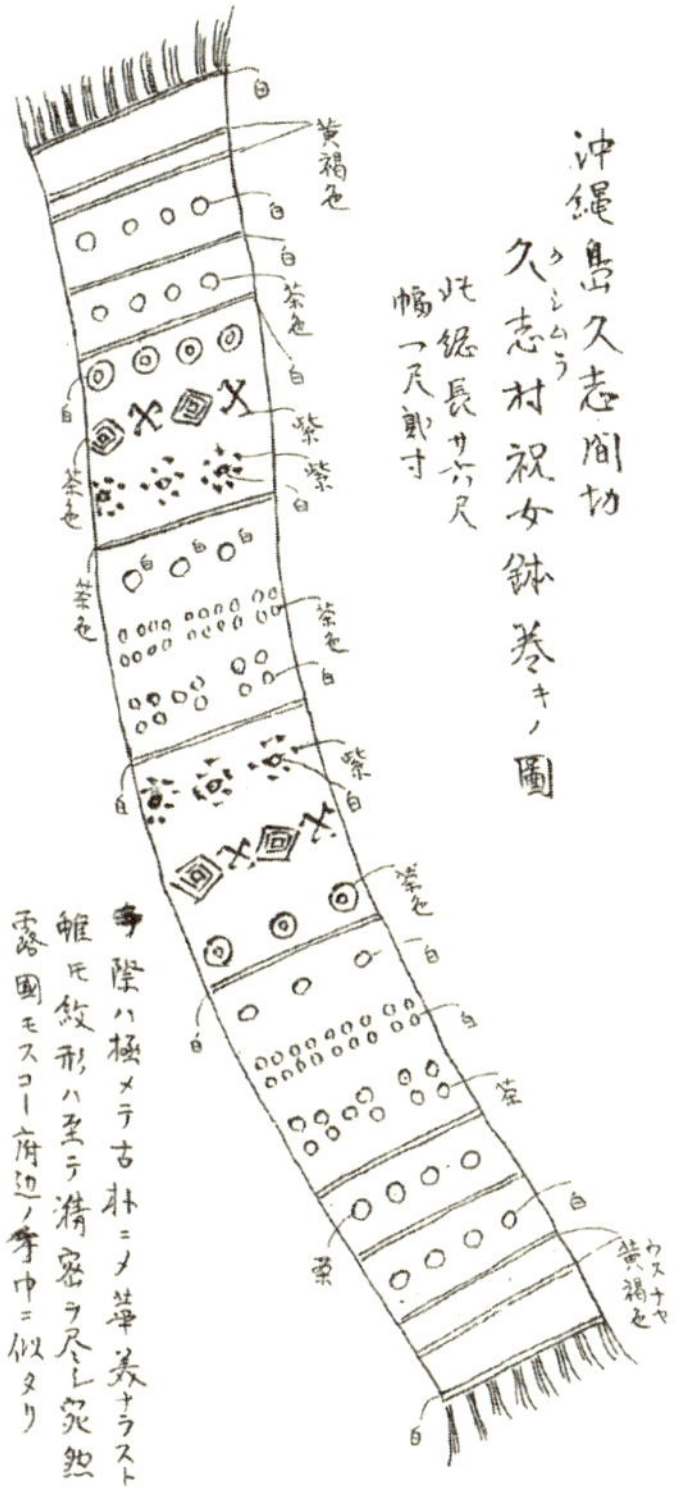

田代安定が描いた久志村ノロの鉢巻のスケッチ＝『沖縄島祝女佩用勾玉實検圖解』より

二十二カ所となっています。いずれもいまは廃れていますが、明治初期のノロの貴重な基礎資料になるものばかりです。

同じく『沖縄島祝女佩用勾玉實検圖解』を紐解くと、沖縄本島の間切別のノロが使用する勾玉と首飾りの寸法つきの詳細な図解とその説明文がついています。また、ノロが着用するノロ着のスケッチが間切ごとに示されています。この他、久志間切久志村のノロの鉢巻柄のスケッチも添えられています。その説明の中で田代安定は「（ノロ）本人の説によると、これは先代より伝授されたもので、何処で作られたか知らない」と述べており、草紋などから中国風とも似ている、と語っています。これらもノロ研究の基礎資料になるでしょう。

琉球諸島の「結縄《けつじょう》文字」

田代安定は琉球で文字を知らない一般庶民が、藁《わら》を結んで、数量などを表示・記録する「結縄《けつじょう》」標記を用いていたことを発見し、一八九一（明治二十四）年発行の『東京人類学会雑誌』第61、63〜65号に「沖縄県諸島結縄記標考」と題して発表しています。琉球王国は庶民の文字の読み書きを禁止していました。また、田代は結縄の実物を旧東京帝国大学（今の東京大学）に寄贈しており、現在は国立民族学博物館（民博）が所蔵しています。結縄が琉球にあったことは初めての報告であり、貴重な民俗学の資料として研究者の間では、「田代安定の結縄研究」はバイブルとして知られています。旧東京帝国大学人類学教室の長谷部言人教授が第二次世界大戦終戦の直前一九四五（昭和二十）年七月に、これらの論文を編集してまとめて、田代安定名義で『沖縄結縄考』を出版しています。

結縄は「藁算《わらさん》」「バラ算（宮古島）」「パラサン」ともいい、沖縄本島では数量の記録、計算、納税事務（通知）などに用い、生活の知恵として一部では太平洋戦争中まで使用されていたといいます。一般に藁を材料に使うので「藁算」といいますが、他に苧麻《ちょま》（からむし）やガジュマルの根、藺草《いぐさ》などを材料に使う所もありました。

ところで、沖縄の結縄はいつから始まったものでしょう。田代安定は『沖縄結縄考』のなかで、

今南海諸島にて実施する結縄記も其発明の濫觴《らんしょう》（物事の起こり）は遠く同地の原人社会時代に於いてせしものならん。

と、「原人時代」からあったと見ています。標記の仕方は島によって微妙に違うと言われています。研究者の間では、沖縄の結縄の歴史は「比較的に新しい」（中世？）とみています。結縄に似たものに古代ペルー・インカ帝国の「キープス」が知られています。中国の『易経《えききょう》』（古代中国の細い竹を使用する占い書物）にも「上古は結縄して始める。後世の聖人これに易うるに書をもってす」とあるのも事実です。中国から伝来したのかも知れません。

先島では一六三七（寛永十四）年に人頭税が実施されてから税の告知や記録に盛んに使われており、「一四七七（文明九）年から一六三七年の間にできたものではなかろうか」と、琉球大学教育学部の金城氏ら四人の論文「琉球における算術の研究（1）―わら算（結縄）―」で述べられています（『琉球大学紀要　24集』）。

縄を絡めていろいろな標記を表す、その標記法の種類は多様にありますが、田代安定は大別して次の三つに分けています。

> 結縄法式の種類は数多にして、或いは形象格（事物の形體《けいたい》〈体〉を模造して理用《りよう》〈利用〉するもの）、或は指示格（形體の模造に關《かん》せずして其目指す所の事物に標格を定めて理用するもの）、或は会意格（形體と指標とに關せずして、寓意《ぐうい》〈他の物事に仮託して、ある意味を表すこと〉を持って理用するもの）等がありて、是より彼の蝌蚪文《かとぶん》（オタマジャクシの意味で、転じて古代篆刻《てんこく》文字）なるもの出でしならん。（『沖縄結縄考』）

と説明しています。沖縄本島では主に契約売買などに、先島地方では人頭税の納入通知や記録に使われました。この他、ノロの御嶽での神事にも使用されています。これを「氏子算」といい、家族数分の茎が出た結縄を、豊漁・豊作を予祝するシヌグ祭りなどの神前に捧げているといいます。琉球の人たちは結縄に霊の存在を認めたのでしょう。それほど結縄は一般庶民に広まっていました。

先の論文『琉球における算術の研究（1）―わら算（結縄）―』には、「昭和四十四、五年頃まで、一老婆が生存中、雑貨店を経営し、藁算で金銭の勘定をしていたことを耳にしたが、今はただその様子を想像するだけである」「この老婆のようなかたがひょっとしたら沖縄のどこかにいるかも知れない」と述べています。

結縄は大縄、中縄、小縄、藁一筋、藁中子など縄や藁のサイズにより表示される穀物の量の相違を例示しており、十進法を用いています。

田代安定の『沖縄結縄考』と、栗田文子氏著『藁算―琉球王朝時代の数の記録法』の著書二冊を参考に、結縄の実例を例示してみましょう。

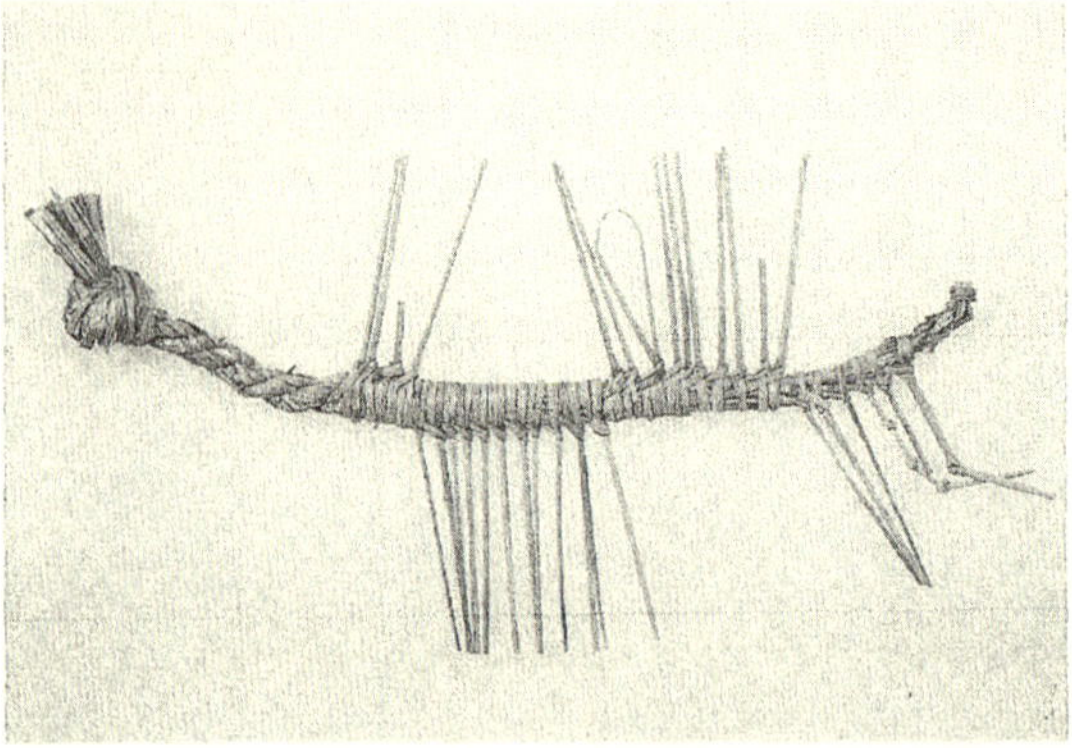

寸法：高さ173ミリ　左右335ミリ

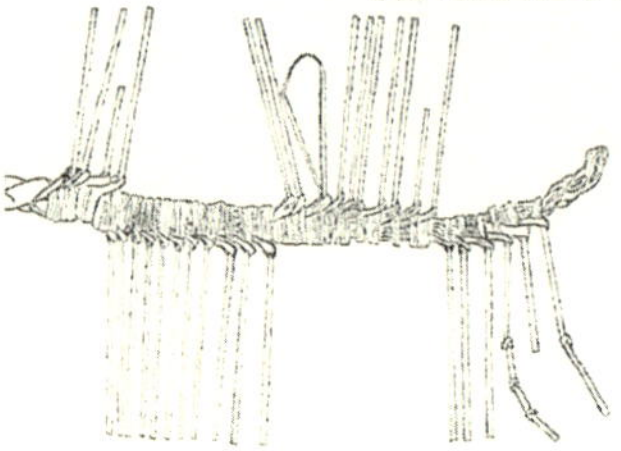

人夫使役標（写真図A）＝栗田文子氏著『藁算』より

一つは八重山島の「人夫使役標」です。これは写真図Aのようにワラ房がムカデの脚のように突き出ていますが、貢租人夫はその年齢（壮丁期＝男女とも十五歳から五十歳以下）以外は貢租出役を課せられます。一本一本がこのグループの構成員です。貢租は人頭割で、出役は無賃です。出役の度数により税額が減じます。

「単直で長いもの」は、壮丁で使役に耐えうる者です。写真図A（上段）向かって右端のように、出役一回に一結びし、結びの数で出役の回数が分かるようになっています。「曲折形のもの」は、男女に関係がなく、五十歳以上で免役の標（写真図A中央部・御免夫という）の「短茎（長茎の半分）」は、五十歳以下の免役男子の標。「短茎の半分」は、壮丁期年齢の免役女子の標（共に写真図A〈上段〉の左右に一つずつ）です。素材は藁でできています。

もう一つ、八重山女子に課せられた貢布割布記標を例示しましょう（写真図B）。これは石垣島大川村（石垣市大川）の新城、崎山、仲地の三戸に関する記録です。士族でも貢布は義務付けられたようで、この三人は士族の女子です。女性は士族でも貢布の義務があったことを初めて知りました。

寸法：高さ155ミリ　左右290ミリ

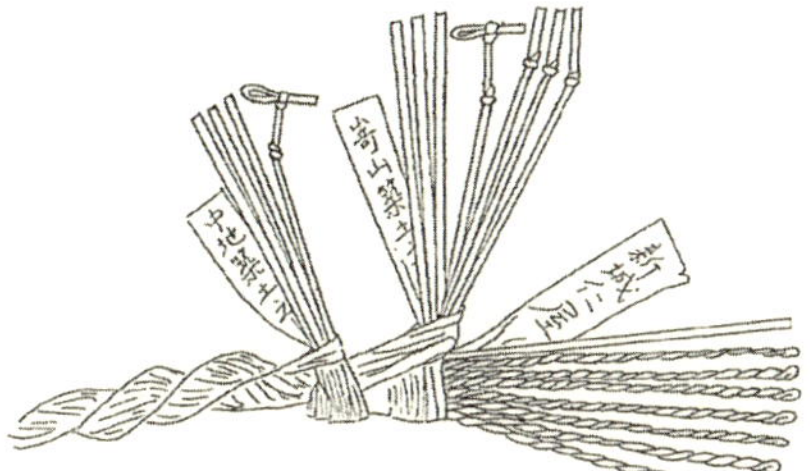

八重山の貢布割布記標。苧麻で作っている（写真図B）＝栗田文子氏著『藁算』より

貢布量は上布七尋半で、子縄七本、単茎一本で七尋《ひろ》半（鯨丈で三丈＝一反）を表します。組責任者（元方・写真図B右端）の新城仁屋は、綛《かせ》（一定の長さの周囲を持つ枠に、一定の長さの糸を巻いた道具）を提出せず、織布だけに専念する役目で、残りの二人に織機も提供します。嵜山築登之（写真図B〈下段〉中央部）は原料糸を供出します。百三筋の綛を出し、新城の織機を借りて織布三尋七寸五分（十メートル余）織ります。一方、写真図B下段・左の仲地築登之も同じで糸を提供します。量は三十綛、織布一尋二寸五分（約二メートル）を同じく織ります。後半二人に差がでるのは、年齢に準じて織布を賦課するためです。

田代安定によると、ここでいう上布の尋は鯨尺の四尺に当たり、七尋半は三丈（つまり大人一着分の長さ）になります。田代は「三戸を以て一組と為し壹（一）反の上布を織出さしむものなり」と述べています。「新城仁屋」などの三人は士族でその戸主の名前に係るもの。姓を使わず、姓に代わって屋号と当人の苗字を書いているそうです。しかも「仁屋」とか「筑登之」は人名ではなく一つの「称号」です。「筑登之《ちくどんし》」とは、功労によって王から賜與《しょ》（与）＝（身分の高い人から下の者に金品を与える）された各階位だといいます。文字の読める士族だけに、結縄に漢字で書いた紙縒《こよ》りの札が付きます。田代の描いたスケッチのものは、クバ葉で結び添えています。田代の『沖縄結縄考』のスケッチは、終戦直前の印刷で写りが悪く不鮮明な部分が多いので、栗田文子氏が苧麻で制作していた結縄の写真とスケッチを使用しました。

人を食う習俗？

『東京人類学会雑誌』52号に、田代安定が南西諸島の食人に係る伝説を報告しています。それによると、A島とB島（あえて筆者は島名を省略します）の伝説です。A島では所々に分散して住んでいましたが、「人が死ぬと、頭でも手でも背中でも、脚でも何処も区別なく皆々寄り添って割き取り、喰い散らして」おり、凄惨な光景が繰り広げられていました。この悪習を憂っていた某人道的なリーダーが「〝人間の道〟を重々と説き、この悪習をやめさせました。そして島は平和になり、まもなく集落が次々と生まれていきました」。

さらに時代が過ぎて別の剛勇の者が高い丘に登って西の方を見渡すと、雲の先に小さな島影が見えました。一人刳舟《くりふね》を漕いでこの島に上陸してみました。この島では人間同士が常に争い、人をうち殺し、その肉を食い歩き、弱い者は殺され、強い者は力にまかせて暴れ回るなど、不都合至極の状態（地獄同然の状態）でした。かつての自分の島もこうだったのか、と観念した剛勇の者はその様子に「己に従う者はこれを助け、暴れる者はうち殺してでもなだめて、この悪習をやめさせた」ということです。この話は島々に仏教（禅宗）が入る鎌倉時代以前のことだったようです。

『人喰いの民俗学』（礫川全次氏著）にもこの話が載っており、それによると、「これは田代安定が見たものでなく、あくまでも過去に存在した風習に関する伝聞であります。しかし、それほど昔の事ではないらしく、そのせいか話に妙にリアリティーがあります」――と書いています。さらに田代は次のように述べています。

島々の人は、孔子のことを空前絶後の大聖として尊敬するが、その孔子が生まれた中国にも、この大帝国日本にも、かつては食人の風習が存在していた。この私にしても、食人民族の後裔ではないかと言われれば、それに反論することなどできないのである。島の人々を気遣うならば食人の習慣があったことは公表すべきでない、という人もいるが、私は秘密にしなければならない理由などはないと思う。（『人喰いの民俗学』の意訳）

と弁明しています。人間が人間の肉を食べる行動は「カニバリズム」といって世界どこにでもあり、現在でもそれがニュースとして伝えられることがあります。

著者は南西諸島のかつて無医村であった奄美大島生まれですが、もしかして著者のずっと昔の祖先も人を食したかもしれません。あるいは著者の祖先は弱小の小農だったらしく、強い者の餌食になったと見るのが正解でしょう。

著者は右足の太モモに大きな傷跡が残っています。これは二、三歳のころ、「デキモノ」ができ、なかなか治らないので、祖母が祖先の骨を焼き、「傷跡にぬったらようやく治った」と聞かされたものでした。
このように食人習俗はなくとも、人の骨に薬効があると信じた民族の一つだったとことは、著者の体験でも分かります。

人肉を喰う話は日本では酒呑童子や各地に残る「鬼婆」説話（例えば安達ケ原の鬼婆伝説）中にもよく出てきます。最近藩政時代は薩摩藩でも刑場付近に人間の「ヒエモン（生き肝）取り」が行われたという話が伝わっています。最近では、第二次世界大戦中に食料補給が絶えた旧日本陸軍の生きるための凄惨な食肉事件などのほか、裁判になった事件も発生しています。

それは敗戦前の一九四三（昭和十八）年十二月四日のこと。小樽行きの旧陸軍の六人乗り徴用漁船が北海道知床半島の突端近くで冬の荒天に晒され、知床の浜に漂着、船長と若い乗組員だけが生き残り、番屋《ばんや》（知床漁民が漁期だけ寝泊まりする小屋）にたどり着きました。零下約二十度の極寒の数日は、昆布などを拾い食べていましたが、遭難から四十六日目の朝、若い男が餓死して船長一人になりました。食料が絶えた船長は極寒の地で衰弱死を待つばかりでした。空腹には勝てず、仕方なく番屋にあった包丁で死んだ男の遺体を解体して食べて生き延びました。

十日後、船長は数日がかりで流氷伝いに歩いて羅臼村はずれの民家に助けを請い、最初は「不死身の神兵無事生還」と大きく報道されました。しかし、半年ぶりに番屋に戻った漁民が、岩場で人骨の入ったリンゴ箱を発見、船長の〝犯行〟が知れ、一九四四（昭和十九）年九月、釧路地裁は死体損壊罪で「飢餓に迫られたとはいえ、人肉を食して難を逃れたのは社会生活の秩序維持の精神にもとる」として懲役一年の判決をくだしました。船長は最後まで自分を正当化せず、多くを語らず、一九八九（平成元）年十二月に七十六歳で亡くなったといいます。この事件は作家の武田泰淳の小説『ひかりごけ』のモデルにもなっています。

故人に対する哀切の情から遺骨を噛み、また粉にしてジュースに混ぜて飲む風習が「骨噛み」といって各地に残っており、近藤雅樹氏の二〇一二（平成二十四）年八月一日、国立民族学博物館報告の研究ノート「現代日本の食屍習俗について」でも多くの事例が載っています。なお、俳優の故勝新太郎氏は生前、荼毘に付された兄の若山富三郎氏の遺骨が愛《いと》おしいといって骨の一部を噛んだ、と公表していたそうです。また、一九六五（昭和四十）年に全国各地で、万病に効くという伝承を信じて、土葬された遺体を掘り出して肝臓など摘出して黒焼きにして高価で販売したり、病人に食べさせたりして逮捕されたことが新聞で報道されています（『明治・大正・昭和　事件・犯罪大辞典』）。

外国の実例では、中国で一九六六（昭和四十一）年五月から十年間に及んだ文化大革命当時、広西省で起きた広西大虐殺事件では、文化人、知識人、金持ちたちが階級闘争の名のもとに虐殺され、さらに大衆の面前でその肉がそぎ落とされ、大衆に食されました。毎日何十人も殺され食された（鄭義氏著『食人宴席―抹殺された中国現代史』）といわれています。「机以外は何でも食する」といわれる中国人――。孔子も人肉を食べた？という説があるほどに、煮る・焼く・炒めるなど〝陰の人肉料理法〟があるらしく、抵抗感は比較的に薄いという人もいます。なお、ニューギニアのある先住民はかつて、死者を弔う宗教的儀礼で、死者の組織の一部を自分の体内に取り込むことで死者への敬意を表していたといいます。

高山純氏の『南太平洋の民族誌―江戸時代日本漂流民のみた世界』によると、マルケサス島では「彼らは戦争においては我慢できないような激怒をもって彼らの犠牲者をがつがつ食べ始める」「むかつくような貪欲さですぐにその首をもぎ取り、頭から血をすすり、身の毛のよだつ食事はこのような方法でおえる」と記しています。

幻のミヤコショウビン

山階《やましな》鳥類研究所（千葉県我孫子市）に〝世界に一羽〟だけの「幻の鳥」の標本があります。田代安定が一八八七（明治二十）年に宮古島で採捕し、東京帝国大学の動物学研究所に送った「ミヤコショウビン」の標本です。

一八八七年二月五日、田代安定は宮古島での調査をしていました。集落を歩いていると、川辺で一羽の見慣れない美しい鳥を採捕しました。田代安定の採捕から約三十年後の記憶によると、「この鳥の全長は約二十センチで鳥の胸から頭にかけてはオレンジ色が広がり、羽根は瑠璃色で脚もオレンジ色で新種に違いない」と語りました。知的興味心にそそられた田代は、さっそくこの鳥をホルマリン漬けにして旧東京帝国大学動物学教室に送りました。しかし、くちばしの一部が欠けており、動物学教室では何故か誰も注目する人はなく、田代も専門外の鳥のことゆえ、多忙に追われて肝心の採捕日時や場所を記すのを忘れて大学に送るというミスを犯していたのです。この標本は「死んだ鳥だったのでは」との疑問もあり、大学でもあまり注目もされず、長年お蔵入りになっていました。

この鳥に注目したのは日本鳥類学会会長も務め、「日本鳥学の父」といわれた福岡藩黒田家十四代当主・黒田長礼《ながみち》で、採捕から約三十年後の一九一九（大正八）年です。黒田は改めて田代安定と連絡して採捕年次や採捕場所、採捕時の状況などを詳しく聞き、この珍しい鳥の細部を検討してみました。そしてカワショウビン科の新種で、田代が宮古島で採捕したことから「ミヤコショウビン」と命名しました。

しかし、この鳥は田代が宮古島で採捕しただけで、その後に一羽も観察されていないのです。胸部の色からグアム島に生息する「ズアカショウビン」とよく似ています。しかし、その鳥の脚の色に微妙な違いがあります。グア

安定が採捕したという“幻の野鳥”の「ミヤコショウビン」の標本＝山階鳥類研究所提供

ム辺りからの迷鳥だったのでしょうか。それともその後の島の開発でマングローブなどの環境が急変して絶滅したのでしょうか。採捕から三十数年が経ち田代安定の記憶が曖昧になった可能性もあります。

田代は採捕から二年後の一八八九（明治二十二）年、東京地学協会と文部省の嘱託としてハワイ、フィジー、グアム島などのポリネシア、ミクロネシア諸島を海軍練習船「金剛」で七カ月間巡航して人類学などの調査を行っています。その際、グアム島で採取した標本を勘違いして、「宮古島産」としたのかも分かりませんが、田代安定は『東京地学協会報告』巻7号に、

（前略）鳥類ハ夥多《かた》ニシテ繁雑ニ堪ヘザレバ全ク説ヲ省キ――

と書いていますが、採捕の事実は分かりません。また鳥好きな人がペットとして持ち込んだのでは?などたくさんの謎があります。それが「幻の鳥」といわれる所以です。

「ミヤコショウビン」の標本は一九三九（昭和十四）年四月に旧東京帝国大学から山階鳥類研究所に移され、現在に至っていますが、今ではDNAや分子生物学的解析という科学的な方法で調べる技術が高まっています。しか

し、「かつて宮古島に脚もオレンジ色のとてもおしゃれな鳥が、生息していたかもしれない」といった夢を崩したくない気もします。

サモア群島原住民の風俗

先にも述べたように、田代安定は一八八九（明治二十二）年八月十四日から翌年の二月まで半年間、東京地学協会と文部省の嘱託として七カ月間、旧海軍の練習艦「金剛」に乗船してハワイ、フィジー、サモア島など太平洋に広がるポリネシアやミクロネシアを巡航して主に人類学調査をして、その成果を『東京人類学雑誌』に投稿しています。その中でもサモア群島についてはサモア人の顔、髪の特徴や食事の種類、武器のいろいろ、それに楽器など広範囲のことを報告しています。次はその報告の一部です。

サモア原住民はかつて、男女とも裸の裸足姿で、腰に草葉や「タパ」と呼ばれる腰蓑を着けています。外来文化の影響を受けて、ハワイのように一部でこうした固有の姿が一変して衣をまとい、帽子をかぶるようになりましたが、半分以上は依然昔の風俗を守っています。装腰具の材質は草葉製と木皮製（すなわちタパ）です。草葉製に用いる草の種類は多種多様ですが、アダン製が多いようです。アダン葉を多く採ってきて乾かして作っており、我が国の「蓑」のようなものです。

ファンガトンガという村を離れて海岸近くの小さな村に行きましたが、裸の原住民は太古の原人の姿と間違えるほどでした。女子も同様ですが、女子の中には「ハマボウ」をきれいに染めたものをまとう者もいました。昔から腰蓑には「タパ紙」という紙を使っています。

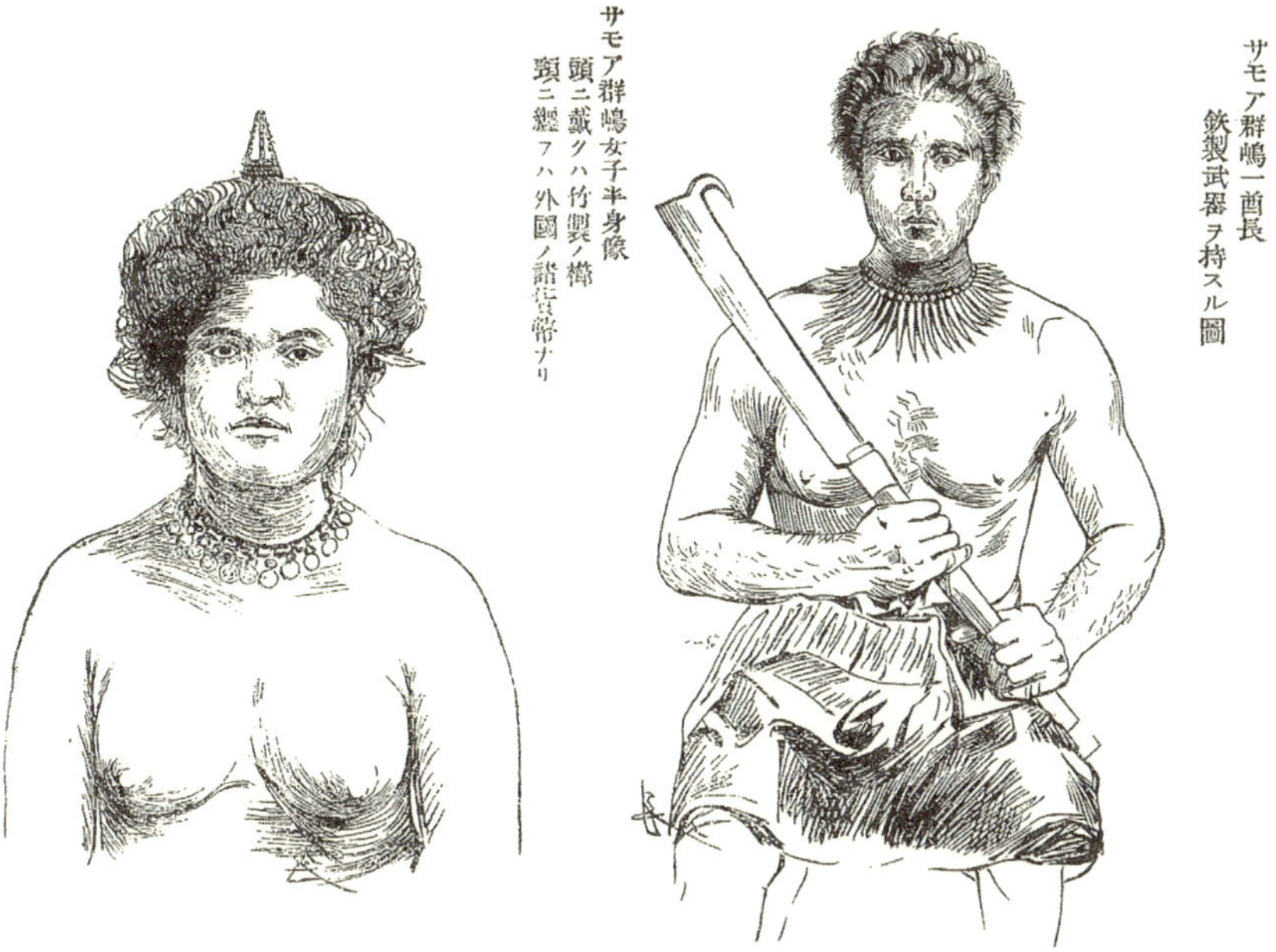

田代安定が描いたサモア島の酋長（向かって右）と婦人像＝田代安定のスケッチ

タパ紙はコウゾの木の皮を水に浸し、これを叩いて紙状にのばしてタピオカ糊で張り合わせて作ります。油紙のようです。これに様々に染色します。その使用法は大幅のまま折りたたんで下腹部より臀部まで、相撲のふんどし状に巻き付けます。ハワイ、タヒチ原住民は四、五十年前まで同じような装いであり、腰蓑はポリネシア人種の一般的な風俗です。

また時として大紋形付きの綿布をタパ紙のように長く膝下まで纏《まと》うものがあり、男子は青色地のものを用い、女子はいろいろの花紋のついたものを付けています。

原住民の胸飾りは草花、木の実類を念珠状に結び綴ったもので、これを首から胸に下げます。しかし、その形態は各島において多少差異は見られます。ソロモン群島原住民ではきれいな貝殻をもっぱら使用し、フィジーは草花を用い、ハワイ原住民は藤蔓《ふじかずら》草花を専用にしてこれをたすき帯状に懸け纏い、サモア原住民は木の実を綴り用います。

この胸飾りは、その名を「ウーラー」といいます。礼式には新たに製作して用いることもあります。また友達に親しみを表し、または旅立つときに送別の意を兼ねて贈ることもあります。

首飾りは太平洋原住民が普通にするもので、サモア原住民もしかり。その種類は雑多ですが、貝殻や木の実が多く、女子はカイコウズを用います。最近は英国貨幣やチリ国貨幣などの各国銀貨を集めてこれに穴を開けて念珠のように綴って使っています。特に酋長は海獣牙（セイウチなどの牙）で自分が貴族である証にしています。竹管などを管玉のように用いる姿は沖縄諸島の婦人が用いるものと同一です。サモア住民は昨今、大半がカトリック教徒でその印に十字架を胸に下げている人もいました。

原住民はいつも蓬髪鬖髿《ほうはつさんさ》として晴雨天は関係なく帽子をかぶることはなく暮らしていました。雨が降ったときに女子はイモの葉や芭蕉などを烏帽子状に畳み頂くことがあります。また男子は「タパ紙」で全頭を包み、まるでアラビア人やペルシャ人、それにインド人のような風貌です。まれにアダン葉で鉢巻のように髪を繞《めぐ》る（巻く？）ものもあります。

また山村の民は好んで草蔓《くさかずら》の花実などをもって毛髪を覆い纏うものが多いようです。舞踊会や宴会など装飾を凝らす場合には、種々の草花で頭を飾る婦人が多いようです。祭礼のときは儀仗の一つとして男女共に頭頂に種々の飾り器を載せることがあります。これを「セイル」といいます。

サモア人は日常、ほぼ裸で生活していましたが、今から百年ほど前、西洋人の上陸で初めて衣服を知ったようです。そのうち自分も着たいと望むようになりました。

西洋人宣教師が初めて島に来たときは〝凶暴な習俗〟、いわゆる「人肉の宴」が盛んに行われていたといいます。宣教師は自分の身が危険に晒されるのを覚悟で、お互いを食い合う悪習を厳禁し、その教えを守った者には褒美として西洋人が着ているような衣服をプレゼントしたと。このように太平洋の島々でも人肉習俗がかつてあったことを、田代安定は素直に述べています。

当時、原住民は自分たちで衣服を作ることを知らないため、西洋人からもらったものを着るだけです。それで、西洋人の水兵の廃服あり、襦袢状のものあり、裸で背広の上衣のみを着る者、ズボンに穴を開けて肩にまとえる者ありで奇妙な姿がよく見られるようです。

近年、ミクロネシアをフィールドにし、『南太平洋の民族誌—江戸時代の漂流民のみた世界』などの著書で知られる高山純氏は「田代安定こそ最も早い時期にオセアニアの人類学的研究をおこなった、と位置づけるべきである」と田代安定の調査を高く評価しています（中生勝美桜美林大学教授「田代安定伝序説：人類学前史としての応用博物学」）。

後続の笹森儀助に助言

田代安定の後に南島を探検し、南西諸島調査の詳細な記録である『南嶋探験』を著した青森県出身の笹森儀助が、一八九三（明治二十六）年五月、東京地学協会職員になっていた田代安定に東京で面会して奄美大島や沖縄、八重山のことを聞いています。

喜んで笹森を迎えた田代は、これら南西諸島の現状、特に日本の南の辺境・八重山諸島について、所によってはマラリアが蔓延しており、自分もマラリアに侵され、九死に一生を得たので十分に注意すること。できれば特効薬のキニーネを持参したほうがいいということ。現地では琉球王国時代の悪しき旧慣制度（例えば人頭税）がまだ続いている。薩摩藩の侵攻以来、王国は先島だけ成人に人頭税を科しており、これを改正する必要があるということ。なによりも「辺境」から中央を見る視点が重要だとして、「中央」からの視点に対して厳しい批判を披露しました。

笹森は田代の助言に一語一語うなずき、次のように語っています。

益ヲ得ル事他ニ比較スヘキナシ、故ニ数々就テ教ヲ請フ。

笹森は田代安定に会ってから一カ月後に奄美大島経由で沖縄・八重山に渡り、井上馨内務大臣から依頼された「南島の糖業拡大の可能性」をはじめ、安定が調査した項目とほぼ同様の調査を行って自著『南嶋探験』で告発しています。

当時の笹森は、コウモリ傘を持ち、腰に蚊を追い払うための団扇を下げた異様な姿で写真に収まっていますが、「熱帯雨林に入ると、ヤマヒルが降ってくる」との田代の助言を入れた〝イデタチ〟だといいます。調査にはいつもコウモリ傘と蚊を払う団扇を持ち歩いていました。

それ以前に千島を探検した笹森は『千島探検』も著していますが、『南嶋探験』では、マラリアに悩む先島の惨状の「最大の原因は人頭税」だとして、田代安定同様にその廃止を訴えました。宮古島で起こった「人頭税の廃止運動」にもおおきな影響を与えた、といわれています。

なお、笹森は南西諸島での調査体験を買われて一八九四（明治二十七）年八月から三年間、奄美大島の今の支庁長「島司」に就いています。理論面だけでなく、実務面でも活躍しました。その後に二代目の青森市長を務めています。

コウモリ傘スタイルで南島探検した笹森儀助＝『南嶋探験１』より

第四章　台湾総督府時代

日清戦争に従軍

明治中期の日本を取り巻く世界情勢を見ると、巨大な軍事力を持つロシアが勢力を東アジアまで広げようとしており、日本はロシアの力が自国に及ばないようにするため、朝鮮半島への進出をうかがっていました。そんな折、朝鮮で減税や排日を訴えた農民の反乱が起こりました。これを「東学党の乱」といいます。朝鮮はこの内乱を鎮圧するため、清国に援軍を頼みます。日本はその前に清国と「朝鮮から両国ともに引き上げ、今後派兵する際は事前に通告し合う」という内容の「天津条約」を結んでいました。朝鮮半島で清国の力が増す、と恐れた日本はこの条約をタテに、朝鮮に進攻して駐留を続けます。朝鮮は日清両国に撤兵を要求しましたが、一八九四（明治二十七）年七月二十五日、ソウル近くの豊島（ブンド）沖で日清両軍が開戦して、九カ月に及ぶ日清戦争が始まりました。

この報に田代安定はかなり興奮して、次のような行動をとりました。

明治二十七年意外ノ時変到来シ日清開戦ト為ル。独概然トシテ謂ラク、吾家兄弟数人アリト雖モ不幸ニシテ一人モ軍籍ニ身ヲ置ク者ナシ一家ノ恥辱是ヨリ大ナルハナシ且又平素企画中ノ沖縄縣施政改革案ハ時可ナラス休止中急ニ成達ノ望ナシ。寧《むし》ロ今心機ヲ一転シ従軍シテ一身ヲ殉シ以テ家名ヲ挙ケ志ヲ潔フスルニ若クハナシト。（田代安定著『駐台三十年自叙誌』）

と、俄かに武士の血が騒ぎ、元武士なのに自分の兄弟には軍籍を持つ者は誰もいない。総理大臣にも訴えた沖縄県の改革案も今は休止中。日清が戦う今こそ、自ら従軍して家名を挙げる時だ――と書いています。

いよいよ準備です。人から譲り受けた「義弘」という名の無銘の古刀を、鹿児島の実家から取り寄せて刀剣商に持って行き、鞘に麻糸を巻き、赭色《しゃいろ》（あかつき色）に塗り直して軍刀にしました。また、東京市外大森村（東京都品川区大井）の士族某宅の一室を借り受けて自炊しながら海外遠征時の耐力を養う一方、漢書などを通読し、中国興亡の歴史を学びました。大森村から十六キロ離れた向島小梅近くに住む榎本武揚氏を伺い、日清戦争従軍の意志を伝えました。日頃から田代を知っている榎本氏は「それはよいことだ。上の者に伝えておこう」と賛成しました。田代の従軍の名目は軍属の「東京地学協会地理探検」ということで、西郷従道海軍大臣が広島本営から帰京した時、伝えておこうということでした。（永山規矩雄氏著『田代安定翁』）

一八九五（明治二十八）年三月二十五日夜、突然、田代の寓居に「至急広島本営に出頭スヘシ」と電報が届きました。そのときの気持ちを田代安定は「歓喜極テ感無量」と述べています。漢詩の一節を携えて恩師柴田圭三先生のお宅に伺い、遠征へ向かうにあたって別れを告げました。そして二十九日早朝東京を発って三十日に汽車で広島に着き、そのまま大本営に出頭し、樺山中将に面会しました。数日して、

雇員ヲ命ス　月俸参拾円ヲ給ス　陸軍混成枝（支）隊ヲ命ス　陸軍省

という辞令を受け取りました。四月四日、広島大本営を出発し、台湾に向かいます。田代の旅装はドイツ形マントルの兵服を着てあかつき色の日本刀を肩から吊り下げてすぐ抜刀できるようにしました。その姿が奇妙で、自分でも呆れかえっていました。

明治 39 年に 20 年ぶりに台湾から石垣島を訪問した田代安定。右から２番目（石垣島・大浜用要氏宅で）＝石垣市史編集室提供の『八重山写真帖　20 世紀のわだち』から複写

六日に佐世保鎮守府に着き、十三日に御用船萬国丸に乗り込み、一路台湾の南西沖にある澎湖《ほうこ》島に向かいました。

四月十八日、澎湖島馬公湾に着船、直ちに上陸して混成枝（支）隊司令部で陸軍少将比志島司令官の部下に属しました。民政長官は海軍少将田中綱常氏です。田中氏は鹿児島出身で先年海軍練習船「金剛」号の南洋航海時に同僚だった人で、よく知っていました。

ここで田代は、司令部を本拠に島内を歩き地理を探究して植物を調査しながら、各集落を偵察し、不審者がいたときは民政庁に通告し、夜は植物意見書をまとめるという日々を送りました。五月五日付の「混成枝隊附キ免シ澎湖島民政庁附ヲ命ス陸軍省」の辞令に基づき、民政庁に回され、田中長官ら数名とともに水雷艇に便乗して漁翁島や白砂島、八卓島などの離島を回りました。島にはほとんど樹木がありませんでしたが、夜はこれら島々の「植樹意見書」を作成しています。

日清戦争は近代的戦争遂行能力のある日本軍が、豊島沖海戦や黄海海戦などでも勝利し、一八九五（明治二十八）年四月十七日に下関で伊藤博文首相と、清国の李鴻章《りこうしょう》全権の間で、①朝鮮半島の独立を認める②遼東半島・

台湾・澎湖島を日本へ割譲する③賠償金二億両（約三億円）を日本に支払う④日清通商航海条約を締結する⑤重慶、蘇州、沙市、杭州の四港を開港する――という「下関条約」が締結されました。

ところが東アジアへの進出を目指すロシアとドイツ、フランスの三国交渉団が外務省を訪れ「遼東半島を日本が所有することは、朝鮮の独立を有名無実にし、極東の平和に害を与える」としたクレームをつける「三国干渉」を行いました。苦悩の末、日本政府はやむなく「遼東半島の還付に同意」したのです。

評論家の三宅雪嶺氏は〝三国干渉〟による日本の屈辱と怒りを「臥薪嘗胆《がしんしょうたん》」（薪の上に伏し、熊の胆を舐めて復讐を誓う）という中国の故事成語に例えました。その後、この言葉が日本国民の合言葉となったといいます。

台湾総督府の初代殖産部員に

一八九五（明治二十八）年五月十日付で初代台湾総督に任命されたのは、鹿児島市加治屋町二本松馬場（高見馬場方限）出身の樺山資紀《かばやますけのり》でした。樺山は西南戦争で官軍の熊本鎮台司令長・谷干城少将の下、同鎮台参謀長として熊本城を死守したことで知られます。

台湾接収を委ねられた日本軍は、北白川宮能久親王および近衛団と合流して同二十九日には台湾東北部澳底《おうてい》の海岸に上陸し、台湾民兵の抵抗を打破しつつ北上し、六月三日午後に基隆《ちーろん》砲台を占領しています。ちなみに、北白川親王は台湾平定を目前にマラリアに罹患して逝去しました。

一方、樺山総督は二日、基隆沖合の船上で清国全権の李経方《りけいほう》との間で、台湾受領式を執り行っていました。李経方は下関講和の清側・李鴻章全権の実弟です。五月末に澎湖島に通報艦が入港して、田代に台湾本島入りの命令が下ります。台湾本島を目指して六月二日には基隆沖合に到着し、台湾での第一夜は、浜辺に張られた天幕の中でした。日本軍の基隆占拠が伝わると、台北にいた清の役人や抵抗勢力は霧散しました。と同時に、城内は混乱状態に陥り、匪賊が横行して地獄絵が展開します。しかし台北城内から迎えの使者が出てきて、日本軍は無血入城を果たすことができました。

永山規矩雄著の『田代安定翁』によると、日本軍が台北に入ったのは六月七日、台北県庁の開設日が同九日。田代安定ら数人は基隆から鉄道の貨車を二台連ねた試運転列車に便乗しての台北入りでした。戦乱で鉄路は所々荒れ果て、鉄路が破壊されている個所は歩いて行きました。水溜まりには水牛が群れをなしており、田代ら数人は台北城西門町の邸宅を接収した仮の総督府に乗り込み、その一角に強引に居候を決め込むのでした。邸内は略奪にあって、目ぼしい物は扉一つまで持ち去られていたといいます。田代はここで三食官給を受けながらの生活。副食は大抵、水牛肉や豚・鶏肉などでした。例の日本刀を護身用として背負って日々市内を歩き、筆談をしながら台湾の情報収集をしていました。日本の台湾総督府の施政がスタートしたのは一八九五（明治二十八）年六月十七日からでした。この日から一九四五（昭和二十）年十月二十五日までの半世紀、台湾は日本の統治におかれることになります。田代は総督府の殖産部員でした。そして技術心得として諸調査に従事することになり、約三十年間にわたる台湾生活が始まります。田代が三十九歳のときでした。

しかし、日本軍の台湾平定は住民の抵抗があり一筋縄では進みません。六月二十六日に劉永福が台湾民主国の総統に選出されるものの、その後の戦闘は質、量ともに優れた日本軍が優位に進めることになり、旧陸軍は一応、八月六日「台湾総督府条例」（布達第七十号）を公布します。十月十九日には元台湾総統の劉永福が追い詰められて中国本土に亡命したため、十月三十一日、日本軍は台南に入城できましたが、約三百キロ平定するのに約四カ月もかかりました。そうして台湾の「全島平定宣言」が出されたのは十一月十八日になってからです。その後も民衆や原住民による泥沼の抗日武装闘争は続けられ、一九一五（大正四）年まで台湾内部における武装抵抗闘争が続いたのです。

※この後に出てくる「蕃《ばん》」や「蛮人」「蕃社《ばんしゃ》（集落）」などの用語は、今日では使われていませんが、本書ではあえて歴史的な用語として一部使用しています。

台湾人類学会を結成

田代安定が手掛けたのは一八九五（明治二十八）年九月から五十日間、台北の東部から最南端の恒春半島までを縦断して行った台湾の中央山脈の北部・宜蘭《ぎらん》県の少数民族の人類学調査でした。宜蘭県で少数民族の人類学調査をしたらしいことは分かっていましたが、それがいつで、どういう記録を残していたかはなかなか突きとめることができませんでした。ところが『明治の冒険科学者たち』の著者で、アジアプレス台北代表の柳本通彦氏のメールで、明らかになりました。

田代は、日本統治開始と時を置かずして少数民族の住む村に日本人として最初に足を踏み入れて、人類学的な調査を行っていたのです。二〇一六（平成二十八）年まで宜蘭県史館であった「一八九五＝田代安定的宜蘭小旅行展」で明らかになった、というのです。

元鹿児島高等農林学校（高農）での田代の教え子、元小石川植物園園長の松崎直枝が、田代の死後、田代に関する資料を当時の台湾帝国大学（現在は台湾大学）に寄贈したもので、それが近年発見され、同大学図書館により逐次デジタル化されています。「田代の宜蘭調査」の報告書の早い全面公開が待たれます。

もちろん案内人や通訳を伴い、ケタガラン（凱達格蘭）族の頭目（集落の首領）、タイヤル族の女性、キリスト教宣教師などに話を聞き、同時に清朝時代と日本統治初期の行政データや人口、税制、タイヤル（泰雅）族集落の分布などの資料の抄録を作成し、十九世紀末の同地の自然環境、人文、社会の状況を記録したもののようです。田代は、タイヤル族に関する記事はなぜか『東京人類学会雑誌』に報告していません。

漢族に同化せず、自らのテリトリーを侵す者は、首切りに処す——という台湾山地民族に厳しい掟があることに注目したのは、日本では、黎明期の人類学者たちでした。台湾原住民の研究で膨大な成果を残した、岩手出身の伊能嘉矩《いのうかのり》（一八六七〜一九二五年）が最初に総督府雇員として、田代安定の同僚として入ってきました。伊能は慶応三（一八六七）年五月九日、遠野市の医師の子の生まれ。東京帝国大学（現東京大学）で日本の人類学の嚆矢・坪井正五郎から教えを受けた新進気鋭の学者だったようです。

田代安定の伊能との出会いの記録はまだ見つかっていませんが、國久よしお氏著『嘉矩・稲造・新平と台湾近代化—岩手三賢の功績』によると、伊能は日清戦争が終わった年（一八九五年）の十一月十日に台湾入りし、まもなく宜蘭県の調査を終えたばかりの田代安定と出会い、一カ月後の十二月十五日には田代と二人で「台湾人類学会」を結成しています。いかに二人の気心が通じ会い、原住民への関心が高かったか、を物語るエピソードです。國久よしお氏著によると、伊能は東京人類学会に次のような書簡で「台湾人類会」を結成した旨を送っています。

（前略）愈々此の地に於ける人類学的研究の為の端緒にとりかかり、まず臺灣に於ける移植支那人の取り調べに従ひ候。（後略）

田代安定との考えも一致したのでしょう。学会結成後、伊能は『東京人類学会雑誌』に「台湾通信」として毎月のように、主に山地原住民の調査速報を載せています。同雑誌の「台湾通信」でも知られるのが、伊能の「生蕃婦アイを悼む」という記事です。

アイはタイヤル族のキムナサイ村の酋長の四歳の娘でしたが、清国の征蕃戦争で人質に取られ、その後宣教師にわが子同然に育てられました。十七歳になったとき伊能の蕃語（原住民語）の教師になりましたが、アイはまもなく熱病に罹り、若くして亡くなっています。タイヤル族との友好の橋渡し役になると、アイに期待した伊能は茫然自失となり、彼女の短い命を悼んでいます。

伊能は原住民と深い信頼で結ばれていたといわれ、『台湾蛮人事情』の著者として知られています。まもなく京都市の商家出で台湾原住民研究に一生を捧げた森丑之助も、少数山地原住民の一つタイヤル族の調査に入り、原住民と接触しています。調査事前に田代や伊能と会っていたことは想像できます。森は『幻の人類学者森丑之助』（楊南郡氏著）の中で、まだ首狩り習俗の盛んだった山地で行動するときでも、警察の随員保護を受けず、それればかりか、護身用の武器さえ身につけなかった様子が描かれています。森は次のように述べています。

護身の武器を持って行った所で、到底其山地の行動でありまして、丁度猿に銃器を担がせてでもして、それと人間と競争をしている様なものであって、到底吾々は山中の動作に至りましては、蕃人丈けの力はないのでありますᅳ（原文）。

内藤《ないとう》喬《たかし》元鹿児島大学教授によると、田代安定も、

役人が出張する時には、必ず二、三人の下役人が警護して恐る恐る歩いたものだが、先生（田代安定）はお一人だったことが多い。「危いからお伴の者をつけませう」と云っても、「いいやそれには及ばぬ。今日は大丈夫だろう」と仰言るのが常だった。（原文）

（「田代安定先生の跡を訪ふ―恒春林業試験支所雑記」鹿児島高等農林学校同窓会誌『あらた』33号より）

と述べており、田代が原住民を調査する時、まず原住民への「誠意」が第一であり、原住民集落の信仰と習俗などすべてにおいて尊重することが結局、我が身を守るという確信は一生変わらなかったようです。

「ヒラメの目をタイの目にすることはできない」といって、一八九八（明治三十一）年六月に総督府民生長官に赴任したのが岩手出身の後藤新平《ごとうしんぺい》です。後藤は、「ヒラメの目を――」に例え、「生物学の原則」として「社会の習慣や制度は、生物と同様で相応の理由と必要から発生したものであり、無理に変更すれば当然大きな反発を招くので、現地を熟知し、状況に合わせて施政を行っていくべきだ」と述べました。

この言葉に、植物学を研究していた部下の田代安定が感銘しないはずはありません。田代は独りでも山に入り、誠意をもって原住民調査を続け、次々と原住民に合った興業政策を提案していきます。

後藤は児島源太郎総督の下、豊かな想像力を発揮して台湾統治に尽力し、その後、日本の初代鉄道院総裁、内務大臣など務めています。後藤の孫に哲学者の鶴見俊輔や、俊輔の姉で社会学者の鶴見和子がいます。さらに後藤は

就任早々、臨時台湾旧慣調査会を発足させ自ら会長に就任しています。田代や伊能もこの会に参画したようです。

台湾東部研究の原典著す

そうした中で田代安定は、台湾の全島調査を行っていました。この調査の一つが東京大学生物学図書館に残されている『台東植民地予察報文』で、田代安定の明治二十九（一八九六）年三月から四カ月にわたる台湾東部の出張報告です。

それを台湾総督府が四年後の明治三十三年に出版しました。「報文」は「台湾を領土にした日本が移民を入れるにはどういう問題があり、どんな産業を興したら有効か」を探るための基礎調査で、その前半は、台湾東部の地理的概況や住民の現状が詳細に記述され、今も台湾東部研究の「原典」となっています。その中で花蓮・台東地区の原住民について述べています。

台湾を統治する場合、まず第一にその地域には、どういう人種が住んでいるか知らねばなりません。当時、花蓮・台東地区に住んでいたのは、日本統治前に台湾を支配していた漢族のほか、土着の原住民で、彼らは大きく分けて漢族に同化して平地に暮らす人々で当時「熟蛮人《じゅくばんじん》」といわれた平地原住民でした。

台湾政府認定の二〇〇八年調査によると、台湾の原住民は十六部族で、原住民の総人口は、台湾総人口四千八百八十七万人の二・一％、約五十三万人を占めています。日本統治時代は一般に「高砂族」と呼ばれて、公用語として日本語が教えられました。これら少数民族間も日本語が「共通語」化されていましたが、戦後は「高山族」とか、「山地同胞」「山地人」と呼ばれ、共通語も北京語に変わったようです。

田代安定の調査によると、当時の花蓮・台東平野部の全人口は約三万人で、うち原住民は、最も多い漢族と同化した原住民の「阿眉族《あみぞく》」で、花蓮から台東、さらに恒春半島まで広く各地に住み、人口の三分の二を占めています。アミ族は農業や豚などの畜産で生活しており、母系社会で家族の仕事は女性主体で、女性が責任をもっています。祭事では豊年祭の「イリシン」が最も重要な祭祀儀式で毎年夏に行われます。祭りには豚が殺され、色彩豊かな衣装で飾った村人が、その肉を分けて食べます。その際、リズミカルな歌でフォークダンスのような踊りが披露されます。温和で日本時代には同化が進んでおり、学校制度なども比較的日本人のそれに近いものが採用されました。また、花蓮周辺や宜欄などには加禮宛族（クバラン族のことか）がいる、と田代安定は述べています。クバラン族は漢民族との同化が進んで、阿眉族の生活圏に近いため、伝統の儀式などもその影響を受けてきました。「目」を指す言語は「マタ」で、加禮宛族と阿眉族、さらにマリアナ群島やサモア群島、マレー語と同じだった──と、田代安定はいいます。ルーツが同じかも知れません。台東の加禮宛族は北部の宜蘭《ぎらん》に住む同族と比較して「貯蓄心に富み、田んぼの管理も漢人と変わりません」。海岸部に住む加禮宛族は開拓心も旺盛で平地に住む熟蕃族と変わらない生活を送っています。

卑南族は一般に「プユマ族」といわれて、南部の台東県に暮らし、現在の人口は一万千百人と台湾少数民族の総人口の約二・四％と少ない部族といえそうです。しかし、プユマ族は、清代の一七二一年春に反清闘争の先駆となる農民反乱（「朱一貴の反乱」）の平定で功績があり、清朝より卑南大王に冊封されました。その結果、近隣のアミ族やパイワン族に対し貢納を求め、徴税を行い、台湾原住民の中で有利な地位を獲得しました。また、プユマ族は言語や習慣の違いで知本系と南王系に分かれています。かつてプユマの男性は、その強い戦闘力と勇気で知られていました。今もシャーマンがおり、主に吉凶を占う役目を果たしています。

田代安定は、これら漢族に同化した平地原住民の単位集落名と集落戸数、人口や田畑の広さ、家畜数など細密に調べて書いています。また耕地の面積を表す単位は、台湾で伝統的に使われていた「甲」を使っているのも注目されます。例えば「一甲」は約一ヘクタールに相当します。

これとは別に中には閉鎖社会を保って、同化が遅れた山地少数民族がいます。その一つが泰雅族と表記されるタイヤル族です。焼き畑農業と狩猟によって自給自足的に生計をたてています。口承伝承に基づくアニミズムがあり、樹木や岩石などが現在でも神格化されています。かつて「首狩り族」として恐れられていました。首狩りはタイヤル族の男性にとって一種の「通過儀礼」であり、敵の首を狩った者のみが刺青を入れることを許されました。刺青がないと社会的に無視され、結婚すらできないのです。それで「首狩り」をするタイヤル族は他平地民族から恐れられていたのです。

さらに、田代安定は「水牛ハ實ニ台湾ノ産ニシテ台東特ニ多シ」と記していますが、水牛は水中でないと力が出ないような〝のろま〟で、日本からの新移民は牛馬を移入した方がいい、と断言しています。

糖業を奨励

田代安定は花蓮・台東地区の様々な産業振興を論じた後、ハワイ島などと緯度がそう変わらない台東地区に大規模な製糖業を興し、わが国の砂糖供給の大基地をつくろう、と提案しています。田代安定は先進地のハワイの糖業を例に挙げています。

それによると、当時ハワイには約四十カ所の糖業場があり、大農組織の機械糖業を行っています。農場は政府から原野を借用、あるいは民間の土地を借用して広大な用地を確保。あらかじめ道路や工場、管理人・農夫住舎、牛馬飼育場をはじめカンシャ園・休耕地など区画して医者や警察員などを民費で雇い入れ、診療所や教場も設けて労働者の教育を行うなど一つのコミュニティーをつくっています。このように、すべて製糖場内の流れ作業を独立自営で行い、「他に供給を依頼しない体制」をとっています。

その模範として一年間の製糖力一万二千トン（一年のうち四カ月から六カ月間操業）を誇るハワイ・マウイ島にある米国の豪商スプレクル氏所有の大製糖場を挙げています。同工場は数百人の労働者を使用していますが、事務員はたったの一人（原文通り）で賄っています。しかもハワイは熱帯の無風地帯で土質もよく、近代的な機械で効率的に絞糖できて砂糖収量も日本の二倍以上を誇っています。その他、田代が巡航したフィジー群島の製糖場（一昼夜に五十四トンを製糖）も紹介しています。ここの製糖場では約千人の労働者が働いており、そのうち約百人は白人で残りは現地人とインドからの出稼ぎ労働者でした。

そして台東地区の場合、サトウキビ適地は加禮宛平野、卑南平野など合計で五千七百余町が見込まれ、約二千戸の移住が見込まれます。田代安定の主張どおり花蓮・台東地区には日本人の移民が続き、糖業も盛んになり、花蓮港製糖や台湾製糖、大日本製糖、明治製糖など製糖工場も林立。一時、日本の甘味料供給地になり、製糖会社の原料のキビや製品の輸送用に、鉄道まで施設されて繁栄しました。

しかし、敗戦後は台湾政府が接収して台東市の「台湾糖業公司」に集約されました。接収当時、同公司は台湾の最大地主でした。最盛期が過ぎた一九九〇年代から多角経営に乗り出し、観光・花の栽培、バイオテクノロジーや小売業、ガソリンスタンド・チェーンも経営しています。

総督府の財源救った樟脳

台湾の樟（クスノキ）栽培による製材は清時代から重要な山林産業でした。田代安定は花蓮・台東地区の樟脳産業の振興についても述べています。ただ樟脳の需要増に伴い、業者の行動範囲が広がり、山地原住民の生活圏と重なるようになります。それでトラブルが発生する恐れもあり、田代安定も当初から樟脳産業に「樟脳業移住の決意固い百戸以下三十戸以上の団体移住で一切自弁し得る資格で、何カ年以内に成功する者に限りその営業を許可する」「ただし、一戸二町歩までの開墾を許すものとする」などと厳しく制限しています。

クスノキの葉や枝、根を蒸留して作られる精油の主成分は中枢神経を興奮させる作用や鎮静、消炎作用を持つとして西洋医学では強心剤（カンフル剤）、皮膚病、神経衰弱に用いるようです。また防腐剤や防虫剤、消臭剤にも用途があります。そのうえ、樟脳は十九世紀にセルロイドの発見でその可塑剤としても需要が広がり、工業原料として台湾の独占的商品として、世界の注目を集めるようになります。日本は当時広大なクスノキ・プランテーションをつくり、当時、台湾総督府民生長官だった後藤新平は一八九九（明治三十二）年六月に阿片、塩、樟脳の専売制度を導入します。

その後、需要の拡大に伴い原料のクスノキが次々と消滅し、樟脳採取用のクスノキの良木が高山でしか入らなくなります。田代安定が危惧したように、山地原住民の生活圏にも入り込むようになり、日本人の樟脳業者とのトラブルも頻発していました。樟脳業者だけの問題ではなく、国は日本に同化しない山地原住民に対し、一九〇五（明治三十八）年以降、厳しい弾圧策をとるようになりました。必要な地点には砲台の設備を設け、高電圧鉄条網、地雷なども使用され、山地原住民の生活圏は狭まる一方でした。一九〇九（明治四十二）年になると、台湾の山地に構築された、山地原住民の襲撃に備える砦と柵の「隘勇線《あいゆうせん》」は総延長四百七十キロにもなりました。

山地原住民はぐっと生活圏が狭まり、逆に山地原住民の武装抵抗を誘発したのです。一九〇〇（明治三十三）年のタイヤル族の反乱、その二年後にはサイシャット（賽夏）族パアガサン社の反乱、さらに五年後には大豹社の反乱などが続発しています。さらに一九〇四（明治三十七）年の鳳紗山方面の隘勇線圧縮作戦を展開しています。五年後の一九〇九（明治四十二）年には日本は五カ年計画で軍隊を投入して総攻撃を行い、全島の隘勇線を圧縮して包囲網を狭め、山地原住民を標高三千メートル級の高山が連なる台湾脊梁山系に追い詰め、餓死か降伏かの択一を迫るという作戦を展開しました。

そして六年目の一九一四（大正三）年には脊梁山系に西側から台湾守備隊の兵力の大部分を投入し、東側から警察隊を投入し、最後の包囲網を構築しています。これを「太魯閣《たろこ》番の役」といいます。「隘勇」の名称は一九二〇（大正九）年に廃止され、「警手」となりましたが、制度そのものは日本統治の終結まで続きました。

日本側の山地原住民に対する数々の弾圧は厳しく批判すべきですが、樟脳が台湾総督府の財政に大きく貢献したのは事実のようです。台湾の一九〇〇（明治三十三）年から十年間の樟脳専売の平均収入は三百八十五万円であり、台湾の経常歳入の約一九％を占めて、総督府の財政の主たる財源となっています。

花蓮・台東地区の平地には、開拓民による日本村があちこちに出現しました。知られているのは花蓮・旧豊田村の百八十戸や旧林田村と吉野村合わせて三千三百八十六人、それに台東製糖による私設移民村の鹿野村などの日本人村です。今でも当時の集落の井戸跡や神社跡、日本家屋などが、日本時代の面影をひっそりと今に残しています。鹿野村は大正時代に短期移民の新潟県出身者らの百五十戸で建設されましたが、その後、獣害やマラリアなどの風土病に苦しんで集落自体が消滅状態になりました。しかし、現地人の手で日本家屋や旧鹿野区役場看板、旧国民学校校長宿舎などが現在も保存されています。

原住民に苧麻《ちょま》栽培を奨励

田代安定は、熱帯、亜熱帯地方で栽培され、日本でも福井県の縄文遺跡からも発見されている苧麻《ちょま》（カラムシともいうラミー繊維）に注目し、その普及のために苧麻の研究をすすめて、一九一七（大正六）年六月、東京の出版社から『日本苧麻興業意見』という単行本を出しています。古本屋でこの本を見つけて読んでみると、日本は草綿（わた）需要増で輸入金額は年々上昇し、一九一四（大正三）年で二億円以上と巨額となっています。草綿は元々熱帯地方の植物で日本の風土には合わないので自給もままなりません。

それに代わる繊維植物として、昔から知られている苧麻の栽培をさらに奨励する必要がありました。苧麻は、イラクサ科の多年草で、一・五メートルから約二メートルに伸びると刈り取りますが、中国で年間三～四回、フィリピンでは同五～六回も効率的に収穫しています。その繊維は吸湿性に優れ、清涼感や光沢があり、八重山上布や宮古上布、薩摩上布などの「上布」といわれる上質の伝統織物の原料になります。

標高千メートルの山々に囲まれた奥会津にカラムシ（苧麻）で村おこしをした麻織物の世界的に有名な村があります。人口千三百三十一人（平成二十八年九月現在、村役場調べ）の過疎の山里・福島県大沼郡昭和村です。昭和村は三十年ほど前から「カラムシ織」を中心に村おこしに力を入れ、一九九四（平成六）年から「織姫体験制度」を導入して村のお年寄りたちが全国から来た若者たちに織り技術を伝承しています。現在では地織で織った織物が

人の高さほどに伸び、収穫中の苧麻畑＝福島県昭和村提供

県指定無形文化財になっています。また、春先の栽培作業にはじまり七月の土用のころから盆までに刈り取ったカラムシを剥ぎ、一枚ずつ表皮を取り除く「苧《お》引《ひ》き」と呼ばれる繊維を取り出す作業までが、国の指定保存技術に選定されています。

田代は『日本苧麻興業意見』の後半で台湾での苧麻栽培を奨励しています。田代は本の中で台湾の苧麻を砂糖・米・樟脳・茶に匹敵する「五大産物」とし、島内の地区別の開拓面積を割り出して総苧麻畑を台湾の伝統的な面積単位「甲」で二万五千甲（一甲は約一ヘクタールに相当）に拡大し、総生産額三千七百五十万斤（一斤は六百グラム）、総価格は五百六十二万五千円の新財源を増加させるものとなる、とはじき出しています。その中で山地原住民の殖産に苧麻興業をすすめています。

漢族と同化せず、自らのテリトリーを守り、それを侵す者は「首狩り」に処す、一般に「未開で野蛮族」と見られた山地原住民は、当時約十三万人いました。田代安定は宜蘭県の原住民調査を皮切りに最南部の恒春半島のパイワン族の調査まで何度も原住民の調査を重ねてきただけに「台湾原住民と苧麻栽培」に多くのページを割いています。

色彩豊かで精巧にできたサイシャット族（賽夏族）などの山地民族約三万人の衣装に接した田代安定は「高山蕃族（山地原住民）は獣革利用の特技に長ずるが一方で、植物性繊維に対する観念にも長けている」と断言しています。そこでは、山地原住民が苧麻を栽培し、それを独特の民族衣装にしている点に注目し、その指導の在り方を述べています。

漂流してきた宮古島民五十四人が虐殺された衝撃的な大量殺害事件「宮古島民遭難事件」から、日本人は山地現住民を「他民族の首を狩る〝悪鬼夜叉〟の集団」のように恐れていましたが、実際に現地を踏み、調査し、指導してきた田代安定は「首狩りは、他民族がみだりに彼らのテリトリーを犯した報いであり、彼らは古来苧麻を栽培して彼らの衣服の原料に充てており、本来は農業にも一種の老練家ぞろいの集団である」と「生蕃人の苧麻栽培」の項で述べています。

山地原住民は、狩猟や原始的農業に従事していますが、農業においては古来の先人の知恵を受け継ぎ、老練家ぞろいです。山を焼いて、その灰を肥料にする伝統農法（いわゆる焼き畑農法）で「苧麻」を栽培して、糸紡ぎから染色、織りまで祖先から受け継いだ手法を伝えています。苧麻織物ができないと一人前の女性といえないともいわれています。これらの織物で製作した装身具は、彼らの貴重な「物々交換物」になっています。

田代安定は、彼らに苧麻栽培指導についてきびしい注文をする日本人を批判しています。これは山地原住民の種族ごとの特長をよく承知する田代ならではのことです。種族ごとに多少の差があるものの、一般的に彼らは頭脳緻密にして〝良智良能〟で、多大の経験を積み、手先が器用で勤勉多芸な集団です。その上、恥辱を知り義理を重んじます。そのため、日本人の指導者は生産増強策を強調するのでなく、彼らのやり方には口出しせず見守り、「彼らの熟長せる慣例のままに一任し、みだりに不完全なる、つまりその手法がいかに非経済的であろうとも、改良的な干渉を加えるべきでない」と警告しています。

ただその製品の販売については、販売する際は、買受人の不正が行われないよう監視し、彼らの便宜を図れば、彼らも苧麻栽培に意欲が増し、集落ごとの生産額も増加するようになるだろう。そして「蕃地」というはっきりしない〝不名誉な名前〟を一日も早く捨てて、普通の行政区域にして「町村制」を実施すべきである、と言っています。これが三十年も台湾行政の一翼を担った田代安定の終生変わらない基本姿勢のようです。

また田代安定は当時、台湾一の発行部数を有した台湾日日新報で一九一六（大正五）年七月三日付から同年十一月七日付間で八十一回にわたって長期連載記事を寄稿しています。内容は『日本苧麻興業意見』とほとんど同じですが、そのうち十四回にわたり「台湾蛮地内苧麻殖育の解釈」として台湾原住民の苧麻奨励を論じており、『日本苧麻興業意見』の内容をさらに深化させています。

例えば栽培法だけでなく「その剥皮《はくひ》採糸法でも（中略）原住民のやり方は単純原始的で不経済な方法であるが、他民族の様式に干渉的に教えることを避け、欧州式剥皮機械の使用奨励など強いるべきではない。原住民の伝承法に口出しせず、そのやり方に敬意を払いなさい」と、〝郷に入れば郷に従って〟見守ること、と強調しています。

恒春熱帯植物殖育場を提案

総督府の民生長官に後藤新平が就任して田代安定も「現地を熟知して現地民の反発を招かないよう」現地調査を精力的に行い、『台東植民地予察報文』などをまとめましたが、案が採用されても、その担当が自分に回ってはきませんでした。

そこで、台湾出兵の原因になった「牡丹社事件」が気になってきていました。事件の舞台は台湾最南端にある熱帯地方の恒春半島です。しかもパイワン族の犠牲になった漂流民五十四人が住んでいた宮古島は、十数年ほど前に自分が開発を主張していた八重山諸島の北東隣にあり、自分も調査し、「ミヤコショウビン」という珍鳥を〝採捕〟した思い出の地です。

その上、台湾出兵の最高責任者は西郷隆盛の弟・西郷従道司令官でした。約三千七百人といわれる従軍兵には郷土鹿児島の人たちが多く、そのたくさんの兵が戦闘ではなく、マラリアに罹り倒れた〝悲劇〟の戦争でした。田代安定がこの土地に関心を持ったことは違いありません。ここなら挫折した八重山と同じ熱帯地帯で、有用なゴムの木や各種繊維植物を移入し、あわよくば諸産業の新しい素材供給地にすることも可能です。

苧麻やコーヒーづくりなどを興業すれば、恒春半島に住む少数民族のパイワン族の生活も豊かになるだろう、と踏んだ田代安定は「恒春熱帯有用植物の育成」という意味の開発計画書を総督府に提出しました。この報告書が後藤新平民生長官の目に留まり、即採用となっています。後藤新平はこの田代の提案書を読んで感銘を受けていたのです。

田代安定に一九〇二（明治三十五）年十一月一日付で総督府の辞令が下り、田代は早速現地へ赴きました。勤務地は、台湾の形をイモに例えると、イモの根の先のような形で南にぶら下がる恒春半島の南部・恒春です。その南、墾丁を中心に広がる熱帯の丘が続くところです。

田代安定が三十五歳の時、妻・時子を鹿児島市で亡くして以来、ずっと独身でしたが、一九〇八（明治四十一）年、五十二歳の時、台湾で賢女・朔子《さくこ》と再婚し、朔子との間に二女児にも恵まれました。今回は家族ぐるみでの恒春勤務となりました。見知らぬ原住民の近くの小屋に住み、熱帯植物の植栽に情熱を注ぐ田代に付き添った京都生まれ

恒春熱帯植物園のうっそうと茂るガジュマル林

の朔子の苦労は、並大抵ではなかったはずです。朔子は拓殖銀行の重役だった進藤正治の娘で和歌に秀で、日本一の美人といわれた九条武子の歌の先生もしていた才女でした。

第一母樹園、クラル（亀仔角）地区（現在の面積は四百六十六ヘクタール）は、元々パイワン族の焼き畑による輪作畑地の近くで、田代安定は石灰土質の小高い丘に、紫檀《したん》、羅漢松などのほか、パナマ帽草や芭蕉、マニラ麻、コーヒー園などを確保しました。恒春有用熱帯植物殖育場の面積は一九一一（明治四十四）年二月時点で約十ヘクタールに達していたと田代の『恒春熱帯植物殖育場報告第一集』に記されています。そしてそこに現在は恒春林業試験センターがあります。

第二母樹園港口地区（同面積九十八・五ヘクタール）には、ジャワ植物園（ボゴール植物園?）から移入した熱帯三大花樹の一つでマメ目ホウオウボク属の落葉高木・鳳凰の木や豆科タマリンドなどを移植しています。鳳凰の木は熱帯地域では街路樹として植えられ、朱赤色の五弁花を咲かす種子は、レイやネックレスの素材や土産物とされ、熱帯地方の代表的な花種で、日本では沖縄県でよく見られ、デイゴとオオコチョウと並ぶ沖縄の「三大花」の一つになっています。

さらに某日本人から寄贈された種子から育てた大王ヤシやクジャクヤシ、トックリヤシなどのヤシ類もあります。

一九〇五（明治三十八）年に植えたインドのカボック棉樹は高さ約一・五メートルにも達し、他の品種より成長が早く寝具などの材料になる鳥毛状繊維植物のようです。

　葉から繊維が取れ、熱帯や亜熱帯で栽培される長さ一～二メートルでやや青みを帯びたリュウゼツランに似た多年草のサイザル麻は各線区の立木敷中に列殖しましたが、冠芽苗を植えれば百ヘクタールを満たすほどです。

サイザル草滿六年生花莖抽出前ノ狀態
港口事業地監督室前庭ジャヮ産原始母株

メキシコ原産のリュウゼツラン科の多年草サイザル麻の花茎が出る前の姿。港口事業所で。サイザル麻は船舶用ロープ材になる＝『恒春植物殖育場報告　第１集』より

　総面積四百六十六ヘクタールに及ぶ第三母樹園のテラソ（猪労東）地区は当植物殖育場の創業の地でカヤブキ小屋の監督室も併設されています。東京小石川植物園からの種苗はここの一区画に集めて植栽したものが多いようです。元製茶試験場の藤江主任技師がセイロン島から持ち込んだ合歓木《ねむのき》を周囲の立木に充てゴムの木や東京小石川植物園から配布されたマホガニーを植えました。また台北の小苗を持ち込んだローズウッドと呼ばれる芳香性の強いツルサイカチ属の学名ダルベルギアはもう高さ約十二メートルに成長しています。紫檀は高さ六十センチほどに成長（ともに一九一一〈明治四十四〉年時点）しています。

　第四母樹園のクスクス（高士佛）は面積は五十八ヘクタールしかありませんが、元々、高士佛は漂流した宮古島

高士佛事業地監督室
舊第四號母樹園內

高士佛事業地の監督室＝『恒春植物殖育場報告　第１集』より

民五十四人を惨殺した原住民が住む集落域です。そこに田代安定は琉球松や内地杉、カナリア島のカルデラに自生するカナリア松、樟脳、強い防熱効果があり、マラリアの特効薬キニーネの主原料になる規那樹（キナ樹）などを植えました。特に各種針葉樹や規那樹、コーヒー茶樹は清涼な気候に適しています。

　このキナ樹の育成を担当したのが樋口素雄で、移植されたキナ樹は一九〇六（明治三十九）年時点で約三メートルに成長して開花まで至り、これを母樹にして増殖が期待されました。田代はこの生育の良さを評し、「大きく優美な葉を広げた姿は、欧州の温室で育てられたキナ樹と遜色ない」と書き残しましたが、これも一九一〇（明治四十三）年には三本だけとなり、やがて枯れてしまいました。田代はキナ樹は重要な植物であるが、試験中である、と言わざるを得ないことに、「無念さが漂うようである」――（南雲清二氏論文「キナの国内栽培に関する史的研究」）。

　第一母樹から第四母樹までの現在の総面積は八百六十五・五ヘクタールと膨大になり、一九八四（昭和五十九）年一月一日には付近の海域ともに「墾丁国家（国立）公園」に指定され、「墾丁国家森林遊楽園区」として東南アジア有数の熱帯植物園となりました。恒春熱帯植物園は当初、その植物から繊維植物の導入にあたって常に「国家に有用か」「原住民の殖産に貢献しそうか」を第一に考慮して導入したフシが見られます。

田代安定は一九一一（明治四十四）年から一九一七（大正六）年にかけてこれらの有用熱帯植物を全六巻にまとめた報告書（『恒春熱帯植物殖育場事業報告』）を発行しています。一巻三百ページを超える大労作で、第一集は「纖維植物」、第二集は「纖維澱粉及び飲料植物」、第三集が「油料及び染料鞣皮《じゅうひ》（なめしがわ）料植物」、第四集は「脂液料植物」、第五集が「事歴部　上巻」、第六集は「同　下巻」の構成になっています。いずれも人民にとって有用な植物ばかりで、それぞれの植物を育成した時の年度月日時・植栽場所別の天候・気温・風光のデータ付きで緻密な報告になっています。

また田代安定は若くして西欧の街並みを研究した体験から、台湾の「町の街路樹」の植栽を訴えたことでも知られます。一九二一（大正十）年に『臺灣行道樹及び市村植樹要鑑』をまとめて総督府に提出しています。当時内地でさえ問題視されていなかった行道樹（街路樹）に注目し、田代安定は「行道樹は社会進歩の標準と相伴わず可きものとなり」と痛論しています。

学者ぶらない学者

田代安定は小柄で身なりを気にしない学者風の人だったようです。田代が規那樹の調査のため、インドネシア・ジャワ島のボゴール植物園に行ったとき、「風采の上がらぬ老人（実は田代）が毎日、毎日定まった時間に来園して定まった時間に帰って」いきました。不審に思った職員が訪ねると、「田代だ」と名乗ります。これをオランダ人の園長に報告したそうです。田代安定と素性が分かったオランダ人園長は「あれこそ真の植物学者だ」と感激しました（故松崎直枝著「田代安定先生の事ども」より）。

また山積みされた唐木（紫檀や黒檀など熱帯地方から日本への輸入銘木全般の総称）の展示場で、田代安定は「自分は本でしか見てないので」といいました。わが意を得た説明役はとうとう説明しました。それを黙々と聞きながら木材の木口ばかり見ていた田代は「この唐木の中には違った木が混ざっていますね」と漏らしました。びっくりした説明役をしり目に田代は「ハイこれとあれは植物の科が違いますからー」と平然。唖然とした説明役は「今までいろんな学者を案内したが、これほど篤学《とくがく》（学問に忠実で熱心）の人はいない」と驚愕しました（同書）。木材を十数年取引している人に舌を巻かせた田代安定は、実に学者ぶらない学者で、いつも国家の利益を考える人でした。

台湾統治時代の日本人は原住民の襲撃を恐れて、護衛として警察官や下役人に守られて移動するものでした。しかし、田代安定は「危ないからお伴の者をつけましょう」という声にも「いやそれには及ばない。大丈夫だろう」と独りで山奥に入るのでした。パイワン族と台湾人とが匪賊《ひぞく》になって恒春を攻めたとき、そのとばっちりがテラソ母樹園にも及びました。田代安定はとっさにパイワン族のイモ小屋に逃げ込み、数日間ここでイモを食べて飢えをしのいだのでした。

また田代は大のたばこ好きで、タバコが短くなると次のものを取り出して火を移す〝チェーン・スモーカー〟でした。愛用品は紙巻きの「敷島」で、台湾の現地産は吸わなかったようです。恒春に用がある日などは道中いつもたばこをふかし、洋服の袖や膝の上などは焼き穴だらけでした。また、左右の手にたばこの煙は絶えませんでした。田代の一人息子の安民氏は生前「父は来客があると、あわててタバコの火を消しては迎えに出る。まだ長いのは和服の袖に一度入れ、あいさつがすんだところで改めて取り出し火を付け直す。ちゃんと消さないで、袂《たもと》に入れるから、あいさつの途中で、和服から煙がたちこめ出して客があわてたりしていました」（堀田希一氏メモ「野の遺賢

―田代安定小伝」）。

よく頬杖をついていたので、左肩は「灰皿同然」で焼き穴が点々。ときたま耳たぶを焼くことも。田代は酒もいけて本州の清酒「白鹿」を取り寄せて嗜んでいました。

かまわぬものは服だけではありません。毛髪が伸びると自分でバリカンを髪にあてるので、滑稽な虎刈りになった頭部を見せることもよくありました。

研究以外の事務が苦手で、会計検査員が港口母樹園の帳簿に予算より支出が多いのに気づき質すと、先生（田代）の俸給が試験場の費用に使われていたことが分かりました。総督府へ請求をするのが面倒臭くてつい自分のポケットマネーを出すなど、田代は金銭には無頓着だったようです。また、田代が台北へ出張して帰任すると近くの台湾人宅をまわり、一軒一軒お土産を配る配慮を見せていました（いずれも故永山規矩雄著『田代安定翁』と故内藤喬鹿児島大学教授が鹿児島高等農林学校同窓会誌『あらた』33号に掲載の「田代安定先生の跡を訪ふ」より）。

田代安定は一九一〇（明治四十三）年六月、総督府から、総督府殖産局林務課へ復職が命ぜられ、恒春熱帯植物殖育場は兼務となりました。翌年四月には開校した鹿児島高等農林学校から講師として招聘されています。招聘した故玉利長助初代校長は「先生は百五十センチほどの小柄な浅黒い健康的で素朴な方で、生徒の質問にも子細漏らさず丁寧に答えるなど研究者そのものの塊かと思ったほどです」という意味のことを語っています（同校同窓会誌『あらた』19号より）。田代安定は六年間、鹿児島高等農林学校の講師を勤めました。

その後は台北では郊外の児玉町に住んでおり、そこから人力車などで総督府に通勤したようですが、家族的には一九一六（大正五）年、再婚した朔子夫人が四十一歳で病死する不幸に見舞われました。六年あまりの短い夫妻の生活でした。しかし、田代安定はどんな不幸にあっても植物研究の情熱は変わらなかったようです。夫人の残した二女児を育てながら東南アジア諸国を出張しました。田代は一九二三（大正十二）年、台北で出版された『高砂集』に愛妻を偲んで次のような歌を残しています。

異国の巖の松を見る毎に　君が操の形見とぞ知る

そして台北市内の日本人墓地に立派な墓を建てて自ら碑文を添えています。朔子夫人との間には田代家を継ぐ男児がいませんでした。田代安定は朔子夫人を慕ってはいましたが、「どうしても跡継ぎがほしい」と三人目の芳子夫人と再々婚を決意し、ようやく念願の男児・安民が誕生しました。

一九一九（大正八）年六月に台湾総督府林業嘱託を解かれ総督府と縁が切れました。

三年後の一九二二（大正十一）年、星製薬の星一《ほしはじめ》社長に台湾南部の潮州ライ社（村）にあったキナ樹の大規模育成林五百甲（約五百ヘクタール）の育成に招聘されました。これが我が国最初の大規模栽培の成功となりました。さらに同社ではそのキナから一九三四（昭和九）年にキニーネ製造にも成功しています（南雲清二論文「キナの国内栽培に関する史的研究」）。

田代安定は、母の五十年忌、父の二十年忌の墓参のため、東京への出張帰りに鹿児島に立ち寄った一九二八（昭和三）年三月十六日未明、親類宅で心臓マヒにて、キニーネ製造成功のニュースを知ることなく急死しました。享年七十二歳でした。前夜まで法事後の宴で楽しく飲み、床に就いたばかりでした。

同年三月二十三日付の鹿児島朝日新聞（南日本新聞の前身）は、薬用植物などの研究に尽くした田代安定を、「博士にするなら俺は官を罷めてやる」「植物學の泰斗《たいと》（権威者）田代安定氏逝く」とトップで報道しています。その上「博士号を拒否したのは、夏目漱石より田代安定が先だった」と報道しています。「うるう年に家長がお墓に触れたら死ぬ」という迷信がありますが、この時の帰鹿は田代が墓を移設するためでした。この年はたまたま「うるう年」だったといいます。

(六)　昭和三年三月二十三日

博士にするなら俺は官を罷めてやる
幼少の時代から植物弄りが好き
植物學の泰斗田代安定氏逝く

◇明治の初年薩摩の先輩は擧つて國事に奔走し光輝燦然たる明治維新の大業を翼成し、その意氣に燃えた側までも男性的な行動は後年子弟の景慕措かざるところである、これらの先輩はその不退轉の努力と勳功によつて何れも社會的に名を成し遂げたもので創作家久米さんの言葉を借りていへば薩摩人が現實的な性格の持主であるといふことを社會に示したものといへやう

◇これらの先輩と全く行方をちがへ武張つた薩摩人には珍らしい性格の持主で無慾恬談、一生を植物學の研究で終つた田代安定氏の如きは鹿兒島がもつてゐた誇りの一つであつたといへやう

◇田代氏は安政四年わが鹿兒島で呱々の聲を揚げた幼少の頃親が―儒者であつた關係か少年時代から草木弄りが大好きで、その頃唯一の博物書であつた本草項目などについて研究しこの方面では驚くほどの智識を有し友人先輩もその博識には舌を卷いてゐた

◇明治八年仕官して内務省農商務省の御用係となり十七年には露都ペテルブルグで開催の萬國博覽會事務官としてロシヤに派遣され縱横の手腕をふるひ十八年その功によつて露帝から勳章をもらつたが濫用したことはなかつた、越えて明治二十一年には南洋諸島を巡つて人類學植物學の調査を遂げて之を發表したが、それが我學界に貢獻したことは非常なもので、それ以來氏はわが國植物學界の權威者として重きをなした

【田代安定氏】

◇日清戰役によつて臺灣がわが版圖となるや明治二十八年渡臺し大正十三年官を辭するまで前後三十年間總督府の技師として本島植物の調査に從事し氏の發見せる植物の種類も頗る多く今の恒春の林業試驗場の如きは氏の努力によつて設立完成されたもので、その間鹿兒島の高農の講師にもなり又南洋方面に出張して本島に栽培すべき藥用植物の調査を試みるなどひとり臺灣のみならず本邦の學界に貢獻した功績は決して少くないのである

◇然し何しろ氣骨稜々たる人で、飽くまで朴直で死ぬまで植物の研究に努力を消耗しつくした、それでその博通した學識に對して曾て博士の稱號をくれることになつたときも『俺はそんなものはいらぬ博士にする位なら官を罷めて終ふ』といつてハネつけてしまつた博士號の嫌ひな點では文學者の漱石さんより先輩である、そんな風で本でも書いて世間に賣り出さうといふ慾望もないところから鹿兒島などでは知る人が少いのは當然である

◇大正十三年退官後は臺北兒玉町に居をトし尙ほ植物の研究に餘念もなかつたがことし母の堂五十年忌父君の廿年忌に相當するので墓參旁々今回歸鹿し親族に當る市内清水町四一日高義秀氏宅にて去る三月十五日懇ろに祭典を行ひその夜は親戚を呼んで晩餐を樂しみつきぬ物語りにいさゝか滿足の體で何等異常もなかつたのに十六日午前零時三十分心臟麻痺で溘焉として逝いた、享年七十一歳遺骸は本日茶毘に附せられる筈である

田代安定の死を大きく報じる当時の鹿児島朝日新聞
（南日本新聞の前身）

功績碑が建つ

田代安定の五十日祭は台北の自宅で執り行われました。席上、台湾在住の田代の知人らが多数集まり、ありし日の故人を偲び、翁の功績を表彰するために、浄財の募金が始まりました。発起文には、

故田代安定氏は温厚篤実の士にして、学は和漢洋を兼ね、熱帯植物学の権威者として世に推さる。特に南洋及び露国に渡り研鑽を積み、領台以来は台湾総督府に在りてもっぱら農林経営の局に当たり、南方発展の先覚者として終始せられ、その功績の偉大なることは、今更申すまでもなし。（後略）

と、したためられています。発起人には総督府殖産部長の新渡戸《にとべ》稲造《いなぞう》、星製薬社長・星一《ほしはじめ》氏らそうそうたるメンバー六十二人の名前が連なっています。碑文には「田代安定君碑」とし、碑文の揮ごうを新渡戸稲造が担当して、翌昭和四年十一月九日、日本人墓地の一角、愛妻朔子夫人の墓の横に建てられました。総

残された田代安定の遺族。中央が芳子未亡人、右が安民氏、左端は竹子さん＝『田代安定翁』より

碑念記彰表績功るせ工竣
（碑石の自刀子朔人夫先は側右）
朔子夫人の墓横に建てられた「田代安定君碑」。いまではどこにあるか不明のまま＝『田代安定翁』より

工費は当時の金額で千二百十四円二十銭だった、と永山規矩雄氏著『田代安定翁』に書いてあります。

教え子が遺品整理、台湾大学へ

国立台湾大学図書館に「田代安定文庫」が眠っています。これらは田代安定が鹿児島高等農林学校の講師をしていた時の教え子の一人が田代の死後、「資料を整理して台湾帝国大学に寄贈した」ものです。この教え子は、後の東京大学理学系研究付属の小石川植物園園長になる松崎直枝氏です。松崎は『近世渡来園芸植物』や『草木友情』などの著作で知られます。

「田代安定文庫」はその後、敗戦の混乱で行方不明でしたが、近年、大学図書館の新築移転時に発見され、その後、同大学で研究されています。松崎氏は鹿児島高農を中退し、五校（熊本大学の前身）に転校しており、直接に田代安定の講義を聞いたことはなかったようです。しかし、大正十二（一九二三）年の関東大震災後、台湾に渡り、一週間ほど直接、田代から教えを受けて心酔していた、といいます。「田代先生は明治初年に於いてすでに日本南方植物の権威で、（中略）その学殖は植物学はおろか人類、民俗、言語、地質、動植物、果ては日本歴史の考察、さらに驚いたことには海軍の拡張論といふような為政者の域にも達していた」（『伝記』一九三四年九月号に収録された松崎直枝の「隠れたる植物学者　田代安定翁を語る」）といいます。

松崎氏が寄贈した田代の資料類は、最近、台湾大学図書館で発見されました。このなかには彼の日記など台湾大学図書館にしかない資料も多くあり、一部は公開されていますが、全面解禁の日が待たれます。

日記など彼の貴重な資料の一般公開が待たれる台湾大学の「田代文庫」の一部＝孫の田代安正氏提供

田代の遺族らを招待

二〇〇三（平成十五）年九月に、突然、台湾政府農業委員会（日本の農林水産省にあたる）は、田代安定ら日本人植物学者三人の子孫を招待することにし、田代安定の孫の田代安正氏にも台湾への招待状が届きました。他の招待者たちは新潟県出身・早田文蔵（一八三四〜一九三四）、岡山県出身・金平亮三（一八八二〜一九四八）の遺族たちです。ともに戦前に台湾の植物研究に功績のあった人たちのご子孫です。

安定の孫に当たる東京都北区在住の田代安正氏（一九六一年生）は、思いがけないビジネスシートのチケットに驚愕しつつ、期待と不安を胸に台湾を訪れました。そして林業試験センターの職員に連れられて、祖父が開いた恒

恒春熱帯植物園中央広場にビンロウ樹を植樹した田代安正氏＝安正氏提供

春熱帯植物園を見学して回り、地元テレビ局のカメラに囲まれて、園の中央広場に記念のビンロウ樹の植樹を行いました。

安正さんは「台湾政府が、戦前台湾発展に貢献した日本人の植物学者三人の遺族を招くなんて、もうびっくりしました。父（安民）が生きていたら、どんなに喜んだでしょう」と、涙ぐみました。

安生さんの父・安民氏は台湾生まれで、大田区役所勤務の定年を待っていたように、田代安定に関するさまざまな資料を各方面から集めはじめていました。その足跡を求めて沖縄や台湾にも足を延ばしたようです。沖縄では琉球新報本社に突然、安民氏が訪れました。対応したのは当時、同社専務で、田代安定研究の第一人者・三木健氏でした。そのときのことを三木氏は「大人しそうな真面目な人」との印象を持っているそうです。恐らく父・田代安定の仕事の意味を問い直そうとしていたに違いありません。だからこそ、その場に安正氏は父・安民氏を立たせたかったのです。

しばらくして安民氏は一九九九（平成十一）年三月三十一日、友人たちと飲んだ帰り、自宅近くの東京・赤羽駅に着いた途端、倒れて心臓マヒで急死しました。享年七十七歳でした。

安正氏の話では、終戦後、柳行李一つで田代安定の未亡人芳子と安民氏、それに異母姉の竹子の三人で台湾から東京に引き揚げてきたので「田代安定関連の資料や写真類は台湾に残してきたので、何もありません。安定爺さんの写真も戦後出版された研究書で初めてお顔を見ただけです」と、語っていました。

安民氏には長男安正氏のほかに姉の落合まりさんと、弟で高松市在住の安史氏の三人がいます。異母姉の竹子さんは独身を通し、二〇〇四（平成十六）年に八十九歳で亡くなりました。一家は竹子さんから時々、安定の話を聞くぐらいしか、安定の情報はほとんどなかったということです。

恒春熱帯植物園を訪ねて

田代安定が十年間もかけて完成させた恒春熱帯植物園とは、いかなるものでしょうか。著者は二〇一五（平成二十七）年十月下旬に四泊五日の台湾旅行を決行しました。自身の体調がすぐれないので、食事管理のため連れ合い同伴でした。

一日目は、アジアプレス台北代表の柳本通彦氏と連れだって田代安定君功績碑の立っていた三板橋墓地といわれた旧日本人墓地跡を訪ねました。同墓地跡は、鹿児島市中央公園のような市街地の中の広い公園になっており、高さ約四メートルに達する巨大な碑はどう処分されたのか、賢母だったという朔子夫人の墓とともども姿が消えていました。ただ公園の端に二つの鳥居が立っており、これをゴールポストに見立てて若者たちがサッカーに興じていました。

近くにあった案内版によると、日本人専用墓地は戦後、中国大陸から蒋介石とともにやって来た軍人たちの避難所になり、二つの鳥居も一時、「二・二八和平公園」に移されました。その鳥居の内「神明鳥居」は第七代総督・明石元次郎の墓についていたものだといいます。歴代総督の中で台湾に葬られたのは明石一人だけだといいます。「二・

鳥居をゴールポストに見立てサッカーに興ずる台湾のヤングたち。かつて日本人墓地だったことを知っているだろうか

二八事件」とは一九四七年二月二十八日、中国、台湾で起こった大陸人支配に対する台湾人の反乱事件のことです。

日本の技術による台湾高速鉄道で、台北から南へ高雄の近く左営駅まで新幹線で約二時間で結ばれています。翌日、その先の恒春を目指しました。案内役をお願いしていた元恒春林業試験センター主任で、台北市の近郊・板橋市在住の呂錦明《ろきんめい》氏と左営駅で落ち合いました。呂氏は「宮本武則」という、かつての日本名を明かし、日本語はペラペラで気さくな八十一歳とは思えない元気いっぱいな知日家です。

車で一時間半ほどで熱帯植物園に着き、林業試験センターの林照松主任が「ようこそ」と笑顔いっぱいで迎えてくれました。主任室に案内した林氏は、目の前に田代安定の『恒春熱帯植物殖育場事業報告書』という全六巻の本を広げ、「どうぞ、どうぞ」と勧めました。当方が、田代の業績を調べていることをすでに知らされている風です。「お昼をごいっしょに」と、職員手作りの遅い昼食を用意し、一緒に食べてくれました。「恒春熱帯植物園の現存植物は千四十六種ですが、田代安定が導入したのは百七十六種にもなります。その大部分は初期の一九〇一（明治三十四）年に導入されたものです」と呂さんの解説でした。

天を突く大王ヤシ林

いよいよ園内の案内です。まず、研究所裏にある温室に案内されました。ここに鉢植えの田代イモの苗がありました。田代イモはヤマノイモ科タシロイモ属の一種で、日本に初めて紹介した田代安定にちなんで命名されたイモです。太平洋諸島の低地や環礁に住む人々の貴重な栄養源になっているコンニャクに類似したイモです。葉は成長すると三十センチから一メートルにも達するといいます。摂氏二十五度から二十八度にならないと発芽しないといわれ、発芽まで一～九カ月もかかるので、辛抱強く待つといいます。そのほか、温室の端っこに田代が発見した「サルビアタシロ」が小さな薄紫色の可憐な花を咲かせていました。

なだらかな坂が続く園の両側にヤシ林が広がっています。天を突くように伸びる大王ヤシ群は、明治時代に今井兼次郎氏が寄贈した種子より発生したものでしょうか。トックリヤシも可愛らしい姿をみせています。道路の両側の街路樹になっているのは沖縄や奄美大島に多い福木並木です。

三叉路にさしかかる地点に、高さ一メートルもある板根を四方に巡らせたサキシマスオウの大木が目につきました。サキシマスオウを初めて見たのは西表島の仲間川沿いで、その木は天然記念物になっていました。ここのそれ

大きな板根が珍しいサキシマスオウの木前の呂錦明氏（左）と林照松主任

はさらに大木で鮮やかでした。琉球ではかつてサバニの櫂《かい》にこの板根を利用したといいます。この前で呂氏と林主任の記念写真を撮りました。

二日目は港口母樹園のガジュマルが多く茂った所に行きました。ガジュマルが絡み合い、うっそうと茂っています。奄美大島では昔からガジュマルには妖怪のケンムンが住んでいるといいます。枝々を眺めていると、ひょっこりケンムンが顔を見せるのでは、とソワソワしました。

さらに場所をゴバンノアシ（碁盤の脚）林に移したのです。「見上げてごらん。碁盤の脚を逆さにしたような実が鈴なりにあるでしょう」と呂氏。取ってみると、なるほど一握りほどもあり、碁盤の脚のようです。下に目をやると、鮮やかな赤紫と乳白色の花びらのじゅうたんです。白く先が紫の錦糸の花びらがあちこちに落ちていたのです。「なるほど碁盤の脚とはよくいったものです」と感嘆しました。ゴバンノアシはサガリバナ科の常緑高木でインド洋から太平洋の熱帯地域の海岸やマングローブに生育するといわれます。日本では八重山諸島にわずかに自生し、果実は種子を一個含み、海水に浮いて遠くへと散布されるようです。日本本土でも海岸に漂着物として見られることがあるといいます。魚毒性があり、「毒流し漁」に用いられます。

碁盤を逆さにしたようなゴバンノアシ

昭和十三（一九三八）年に内藤喬・元鹿児島大学教授が同園を訪れた時、「ふと足元に赤い丸い果実らしいものがころがっている。これはと思ってよく見ると、毛柿の実だ。（中略）私は初めて見る親しさに、歩を止めて更に見廻すと、あちこちに一つ二つと転がっているではないか。なるほどこの辺りは毛柿の自生地帯であったのだ」と、「田代安定先生の跡を訪ふ」で書いています。私も毛柿を一度見たい、と思いましたが、数々の熱帯樹に紛れて見損ないました。

左営駅から恒春に向かう道端によく見られたリュウゼツランのような植物。呂氏は、この田代安定が導入したといわれる「サイザル」について、「栽培を奨励したサイザル麻の繊維が衣類や床材、生活用品、漁網などとして恒春の人々の経済発展に大きく貢献した」と強調していました。

三日目は牡丹社事件が発生した牡丹郷へ車を進めました。試験センターから車で約一時間余りでパイワン族の集落・高士佛社です。宮古島民五十四人を虐殺した人たちの子孫が住む集落でしたので、最初はかなり緊張しました。高士佛社の原住民らは政府の指導で、下の新しい集落に一旦移転しましたが、運悪く一九九八（平成十）年に土砂崩れに遭い、再び元の場所に政府の補助で新築された集合住居に移ったばかり。その近代的な瀟洒《しょうしゃ》な佇まいに

パイワン族の高士佛集落の民家。どの家も門や柱に幾何学模様の装飾があった

高士佛の丘にあるミニ神社

びっくりしました。どの家も玄関や柱に思い思いの図柄の原色の彫刻が施され、ようやくパイワン族の集落ということが分かったほどです。どの家庭も水洗トイレ付きで居間には大型テレビがどっしりと座っており、日本の一般家庭の風景と何ら変わりありません。

かつて日本の小学校があった丘には、真新しい小型の神社が立っていました。神社信仰はいまでも残っているのでしょうか。祠は持ち運びできるほどの大きさで、祭神は何か分かりません。台湾の少数民族の間では、日本の神社を復活させて懐かしむ風潮があるといいますから、その影響でしょうか。聞こうにも集落民は誰一人見当たりません。丘から東の方向に目をやると百四十年前に宮古島島民が漂着した九棚がはるか彼方に見えました。宮古島民は救助を求めてここまでたどり着いたのでしょうか。双方の言葉が通じず、〝不幸な事態〟を招いたのでしょう――。

その一軒を訪ねてみました。王白鶴さん（七十四歳）宅で、夫婦二人暮らしだといいます。「ようこそ、ようこそ」と、私たちに笑顔でお茶を勧めながらペキン語で試験センター所員と何やらおしゃべりに夢中です。ここがかつて首狩

日本人とすぐ仲良くなったパイワン族の王さん（右）

りの習俗のあった所だとは到底思えません。そのうち姪の呉恵貞さん（三十七歳）がこの日、下の牡丹郷役所前である「重陽敬老パーティー」に招待するために誘いに来ました。

早速そのパーティーに行ってみました。会場は黒山の人だかりでパイワン族の娘たちがラテン舞踊を華麗に踊っていました。観客のお年寄りは、皆赤いちゃんちゃんこを着せられていて笑顔がいっぱい。日本の敬老会と同じ雰囲気でした。

さらに渓谷を下った石門古戦場では、事件から百三十周年の二〇〇四年十二月七日に、宮古島の伊志嶺亮市長（当時）らが招かれて「牡丹社事件祈念啓典禮」がありました。パイワン族伝統の祈りの儀式が行われた後、現地の小学生による牡丹社事件の劇が披露され、続いて「愛と和平」の踊りが行われたといいます。

日本人とパイワン族が、パイワン族伝統の二つにつながった杯で「酒を一緒に飲み干している形」を表現した石造「愛と和平」の除幕式がありました。文字通り「愛と和平」が永遠に続くことの象徴です。

台湾の中央通信社は式典模様を次のように報じています。

林牡丹郷長が「今回の活動の目的は、双方の観点から歴史を回顧するだけではなく、交流活動を通じて未来

「牡丹社事件」の概要を伝える記念碑

を展望し、お互いの人々が自己の歴史と文化をより一層認識してもらうことにある」と語り、牡丹社事件に対する和解と理解が深まることに期待を示した。

宮古島民とは、恩讐を超えてお互いの交流も続いています。また渓谷上から大石を落として応戦するパイワン族の勇士像も加わりました。ありし日の日本とパイワン族との争いを振り返り、お互いの誤解を解き、平和を願う古戦場になっていました。

郵便はがき

料金受取人払郵便

鹿児島東局承認

207

差出有効期間
2026年1月
24日まで
切手を貼らずに
お出し下さい

892-8790

168

鹿児島市下田町二九二―一

図書出版
南方新社 行

ふりがな 氏名		年齢	歳
住所	郵便番号 ―		
Eメール			
職業又は学校名		電話(自宅・職場) ( )	
購入書店名 (所在地)		購入日	月 日

書名　（　　　　　　　　　　　　　　　　）愛読者カード

本書についてのご感想をおきかせください。また、今後の企画についてのご意見もおきかせください。

本書購入の動機（◯で囲んでください）

A　新聞・雑誌で　（　紙・誌名　　　　　　　　　　　）

B　書店で　C　人にすすめられて　D　ダイレクトメールで

E　その他　（　　　　　　　　　　　　　　　　）

購読されている新聞，雑誌名

新聞　（　　　　　　　　）　雑誌　（　　　　　　　　）

直接購読申込欄

本状でご注文くださいますと、郵便振替用紙と注文書籍をお送りします。内容確認の後、代金を振り込んでください。（送料は無料）		
書名		冊
書名		冊
書名		冊
書名		冊

あとがき

著者に田代安定の存在を教えたのは、ソウル大学の金教授でした。鹿児島民俗学会の二〇一五年十月例会で講話した際、「鹿児島の民俗学の嚆矢は田代安定である」と言うのです。てっきり鹿児島の民俗学の始まりは、戦後、梅光女学院大学の故国分直一教授が指宿高校教師時代に精力的に民俗学の調査をし、南日本文化賞を受賞した同僚の小野重朗先生らが同じ民俗学の調査を深めていったこと――とばかり思い込んでいました。それが「明治初期に民俗調査を始めた人がいた」とは驚きで、著者は田代安定に大きな関心を抱きました。早速、鹿児島県立図書館で、田代安定に関する本はないか、調べました。ただ一冊だけありました。一九三〇(昭和五)年に台湾で発行された『田代安定翁』という本でした。この本をコピーして貪るように読みました。なんと田代安定は南島を探検した植物学の第一人者で、八重山の開発を国に訴え続けただけでなく、太平洋の島々を巡り、人類学や民族・民俗学調査を実施していました。また、日清戦争に軍属として参戦し、戦争勝利後は台湾に残り、台湾人類学会を結成し、台湾の原住民の調査を実施し、さらに台湾南部恒春半島にアジア有数の熱帯植物園までつくったのです。著者は関心をさらに深くして調査を開始しました。

インターネットをフル活用して成城大学民俗研究所に田代の国に訴えた八重山開発関係の資料が、東京大学理学部生物学図書室にノロなど琉球の民俗学関連の直筆資料があることが分かり、それぞれの大学の協力を仰いでコピーしました。

地元八重山では、八重山近代化の夜明けを開いた人として田代安定研究が盛んで、沖縄の琉球大学や沖縄大学、沖縄国際大学では田代安定をテーマにした研究者がおり、数々の論文が発表されています。ところが田代の出身の鹿児島には研究者もいない始末です。著者が八重山で取材を進めると、決まって「やっと、鹿児島にも田代安定を研究しようとする人が現れたか――」と異口同音に言われたのです。これら大学や地元八重山のご協力がないと、恐らく拙い書は実現できなかったでしょう。深く感謝しています。

しかし、資料の大半、特に日記類は台湾大学図書館にあることもはっきりしましたが、一部公開しているものの、大半は未公開のままで残念でした。早い全面的な公開が待たれます。

今回の調査につき、成城大学や東京大学、それに沖縄の各大学には多大な資料を提供して下さいまして感謝しております。また写真提供をして下さった山階鳥類研究所はじめ関係自治体にも感謝でいっぱいです。さらに台湾の恒春林業試験センターの林照松主任ら職員の方々や四日間も通訳を引き受けてくれた元恒春林業試験センター主任の呂欽明氏とアジアプレス台北代表の柳本通彦氏にも大変お世話になりました。厚くお礼申します。さらに出版を引き受けて下さった南方新社の向原祥隆社長にはいつもお世話になり深謝しています。

二〇一六年　水無月の書斎で

田代安定年譜

（年齢は数え年で記載しているため、本文中の年齢とずれている個所があります）

西暦・和暦		年齢	
一八五七（安政四）年	旧八月二十一日	1	・鹿児島市加治屋町で下級武士・田代安治と母・栄の長男として出生。
一八六三（文久三）年		7	・薩英戦争勃発。このころ、大久保利通の御側役用人になる。
一八六九（明治二）年	五月	13	・柴田圭三塾でフランス語と応用博物学を学ぶ。
一八七二（明治五）年		16	・柴田圭三が造士館に招聘される。田代も同第二校入学。田代もいきなりフランス語の教壇に立つ。明治天皇が鹿児島行幸。田代安定は天皇の御前でフランス語の教科書を朗読。
一八七三（明治六）年		17	・八重山で「石炭加那事件」発生。
一八七四（明治七）年	三月	18	・田代安定は柴田圭三に従い上京。漂流した宮古島島民のうち五十四人が現地首狩り族（パイワン族）に虐殺された（「宮古島島民遭難事件」）のを口実に、西郷従道率いる日本軍が台湾南東部恒春半島に出兵。日本軍はマラリアによる病人の群れと化す。
一八七五（明治八）年	四月	19	・田代安定は内務省博物局係を拝命。植物学の権威で同局長の田中芳男について博物学を修め、より実践的な植物学に接する。
一八七九（明治十二）年		23	・琉球処分（廃藩置県）断行。沖縄県誕生。
一八八〇（明治十三）年	五月	24	・母・栄が他界。鹿児島に帰り、六月から鹿児島県勧業課陸産係を拝命。
一八八二（明治十五）年	四～八月中旬	26	・農務省農務局陸産係の身分で、マラリアの特効薬キニーネの木・規那樹の苗百五十本を奄美・沖縄に試験植樹するため出張。結果、「八重山群島以外はキナノキの栽培に適さない」の結論に。沖縄滞在中の元老院の尾崎三良議官と先島諸島に一週間滞在。その風土に強くひかれ「沖縄県下先島廻覧意見書」において、具体的な開発策を提案。

一八八四（明治十七）年	五月	28	・博覧会事務官としてロシアの万国園芸博覧会に出張。会期終了後、滞在延期を申請し、サンクトペテルブルグ大学院のカール・ヨハン・マキシモウィッチ教授から世界最先端の植物学に接し吸収、ロシア皇帝から神聖スタニスラス三等勲章を授かる。
一八八五（明治十八）年		29	・帰国前、パリでキニーネの研究をする予定だったが、帰国を早め、マルセイユ港の船上で「マジコ島（先島諸島）はフランスが占領予定である」との新聞報道を知る。政府でも先島諸島の確定的な帰属はあいまいだったため、田代は帰国後、五月四日、二項十三条からなる「海防着手急務意見書」を国に提出。沖縄県へ出向。七月から翌年五月まで約十カ月間、八重山を巡回し、人頭税などの旧慣制度の改革と行政刷新を調査研究。
一八八六（明治十九）年		30	・西表島調査中の田代は仲間村でマラリアを発病し、黒褐色の液を吐き黒水病と診断されたが、強靭な気力で危機を克服。復命書・各村細部統計書・各島測量図など五十数冊の「八重山群島管制改革建議案」を作成、沖縄県と政府に提出するが、伊藤博文内閣はこの案に難色。（山縣有朋内務大臣と三井物産の益田社長が西表炭坑を視察。六月から囚人百八十人らで本掘開始）。 ・宮古・八重山を清国に割譲する分島案まで浮上し、田代は挫折、十一月二十日付で農務省の職務を辞す。
〃	十二月二十三日		・東京帝国大の嘱託。同時に南海諸島植物及び人類学の嘱託に任命され、その費用計九百円を交付される。
一八八七（明治二十）年	十二月	31	・それまでの半年間にわたり宮古・八重山諸島の細部調査（一カ月四十円が交付される）。政府の旧慣温存政策を批判し、人頭税の改革の必要性を主張。蒐集した独自の「結縄文字」

			や動植物の標本など東京帝国大理科大（のちの東大理学部）に寄贈。
一八八九（明治二十二）年	二月十一日	33	・東京地学協会・文部省の嘱託で七カ月間ハワイ・フィジーなどポリネシア・ミクロネシア諸島を海軍省練習艦「金剛」に乗り巡航調査。その資料類は後の人類学・民族学の先駆となる。
一八九一（明治二十四）年		35	・田代の最初の妻・時子が四十一歳で鹿児島にて死亡。
一八九二（明治二十五）年	十月	36	・東京地学協会事務及び報告編纂主任に従事。（翌年四月まで）
一八九三（明治二十六）年	五月	37	・笹森儀助（青森県出身）が東京で田代に会い、八重山の現状を聞く。この会談で笹森は「益ヲ得ル事他ノ比較スヘキナシ、故ニ数々就テ教ヲ請フ」と述べる。（笹森はその後、六月から約五カ月間沖縄・八重山・宮古・奄美に渡り、翌一八九四年に名著『南嶋探験』を著す）
一八九四（明治二十七）年	七月二十五日	38	・日清戦争勃発。田代は自分の兄弟に軍籍に身を置く者はなく、「一家ノ恥辱是ヨリ大ナルハナシ」と難じ、心機一転して従軍し、「一身ヲ殉シ以て家名ヲ挙ケ、志ヲ潔フスルニ若クハナシ」と決意する。
一八九五（明治二十八）年	三月二十五日	39	・陸軍雇員身分の混成枝（支）隊として台湾・澎湖島政庁勤務。下関条約で台湾は日本の領土へ編入される。五月、初代台湾総督に鹿児島出身の樺山資紀が就任。田代は六月、台湾本土入り、総督府民政局付に。台湾は太平洋戦争が終わる一九四五（昭和二十）年まで日本の統治下に置かれる。田代は台中・台南・台東など巡回調査。
〃	十二月十五日		・〝台湾学〟の祖といわれる伊能嘉矩と「台湾人類学会」を結成、「台湾通信」を発行。原住民（高砂族）の調査を始める。
一八九八（明治三十一）年	八月一日	42	・宮内省が田代に植物調査を委嘱。

一九〇一(明治三十四)年	十月三十一日	45	・熱帯植物殖育場創設準備のため、恒春出張。
一九〇二(明治三十五)年		46	・台湾総督府民政殖産部に勤務。現地の原住民調査。
〃	十一月一日		・台湾南部の恒春有用熱帯植物殖育場兼務を命じられ、恒春に赴任する（準備を含めると約十年にわたり有用熱帯植物の研究、殖育場の創設と運営に邁進する）。
一九〇六(明治三十九)年		50	・二十年ぶりに八重山を訪問（四回目）
一九〇八(明治四十一)年		52	・代々皇族家に仕えた京都出身の歌人・朔子と再婚。
一九一〇(明治四十三)年		54	・東京人類学会から表彰される。
〃	六月二十日		・恒春有用熱帯植物殖育場を引き上げ、総督府林務部に帰任。鹿児島県へ出張。
〃	十月二十七日		・鹿児島高等農林学校の熱帯農業講師を兼務。
一九一六(大正五)年	三月	60	・鹿児島農林学校の教壇を去る。田代の二番目の妻・朔子が病死。その後、芳子と再々婚（年月日不明）。
〃	十月		・『恒春熱帯植物殖育場事業報告』1〜6号が十四年かけて完成。
一九一七(大正六)年	七月十五日	61	・『日本苧麻興業意見』を出版。
一九一九(大正八)年	六月二十八日	63	・田代の総督府林業嘱託が解かれる。台湾総督府との長い縁は切れる。
一九二一(大正十)年	八月	65	・星製薬に請われて入社。キニーネの原料キナノ樹栽培適地調査のため、ジャワを視察。台湾でキナノ樹を栽培することになり、田代が中心になって高雄州潮州郡ライ社で農場開設。
一九二二(大正十一)年	一月三十日	66	・待望の男児誕生（一男三女に恵まれる）。
一九二五(大正十四)年ごろ		69	・『駐台三十年自叙史・誌』を残す。

一九二八（昭和三）年	三月十六日	72	・東京出張の帰り、両親の墓改葬のため立ち寄った鹿児島市で心臓マヒにて逝去。享年七十二歳。鹿児島朝日新聞（南日本新聞の前身）が追悼記事を掲載。
一九二九（昭和四）年	十一月九日		・「田代安定君碑」（新渡戸稲造が揮ごう）が台北市三橋町の日本人墓地で竣工式。
一九三〇（昭和五）年	八月二十八日		・『田代安定翁』（永山規矩雄著）が発刊。
一九三一（昭和六）年			・鹿児島農林学校の教え子・松崎直枝が田代の遺品整理に台湾へ。遺品は望まれて台湾帝国大図書館に寄贈、田代文庫誕生。
一九四五（昭和二十）年			・〝戦争マラリア〟のため、八重山で三六四七人が死亡。 ・田代安定著の『沖縄結縄考』を、東京帝国大教授で理学部に人類学を創設した長谷部言人校訂で出版。
一九八〇（昭和五十五）年	四月十五日		・琉球新報記者の三木健氏が『八重山近代民衆史』（三一書房）を出版。このころから沖縄現地で「田代安定は八重山史研究の嚆矢」と高く評価され、沖縄中心に田代研究が本格化する。
一九八四（昭和五十九）年	一月十日		・沖縄県出身・天野鉄夫氏『駐台三十年自叙史・誌』を複写、『蔓草庵資料』の一つとする。
二〇〇八（平成二十）年			・ジャーナリスト柳本道彦氏が沖縄大学地域研究所の彙報『台湾特集号』で『駐台三十年自叙史・誌』の原文を転載。特別研究員の三木健氏も同誌に「田代安定『駐台三十年誌』余適―天野鉄夫氏と『蔓草庵資料』のこと―」を載せる。
二〇一三（平成二十五）年			・台湾民族学会誌『民族學界』に、琉球大学の大浜郁子准教授が「田代安定にみる恒春と八重山―「牡丹社事件」と熱帯植物園殖育場設置の関連を中心に」の論文を掲載。

※この表は中生勝実・桜美林大学人文系教授の研究論文「田代安定序説：人類学前史としての応用博物学」を参考に、その他必要と思われる項目を追加して作成した。

主な参考文献（順不同）

永山規矩雄『田代安定翁』台湾日日新報社、一九一六年
田代安定『駐台三十年自叙史』『駐台三十年自叙誌』（柳本道彦氏が『沖縄大学地域研究所彙報6号　台湾特集号』に収録）
沖縄大学地域研究所、二〇〇八年
田代安定著、長谷部言人校訂『沖縄結縄考』（復刻版）至言社、一九七七年
石川市史編集室『石川市史　資料編近代4　新聞資料集成　Ⅱ』一九八三年
田代安定『日本苧麻興業意見』國光印刷、一九一七年
三木健『八重山近代民衆史』三一書房、一九八〇年
柳本道彦『明治の冒険科学者たち』新潮社、二〇〇五年
野口武徳『南島研究の歳月―沖縄と民俗学との出会い』東海大学出版会、一九八〇年
堀田希一『野の遺賢―田代安定小伝』（自筆メモ）
所崎平『児玉宗之丞日記―明治の生活がよくわかる―上』南日本新聞開発センター、二〇一一年
上野益三『薩摩博物学史』島津出版、一九八二年
大原永旦ら『八重山歴史読本』南山舎、二〇〇四年
三木健『沖縄・西表島炭鉱史』日本経済評論社、一九九六年
柳田國男『海南小記』（『世界教養全集　21』収録）、平凡社、一九六一年
笹森儀助著、東喜望校注『南嶋探験　上』平凡社、一九九八年

笹森儀助『南島探験』（『日本残酷物語　第2部　忘れられた土地』収録）平凡社、一九六〇年
八重山人頭税廃止百周年事業期成会『人頭税百周年記念誌　あさぱな』南山舎、二〇〇三年
栗田文子『藁算―琉球王朝時代の数の記録法』慶文社、二〇〇五年
南風原英育『マラリア撲滅への挑戦者たち』南山舎、二〇一二年
石原ゼミナール・戦争体験記録研究会、石原昌家監修『もうひとつの沖縄戦―マラリア地獄の波照間島―』ひるぎ社、一九八三年
三木健『「八重山合衆国」の系譜』南山舎、二〇一〇年
『東京人類学会雑誌　復刻版』2～13号、21号、24号、第一書房、一九八〇年十月～一九八二年八月
『苧麻奨励卑見』1～84、特に「台湾蛮地苧麻問題の解釈（1～14）」台湾日日新報社、一九一六年七月三日付～一九一六年十一月七日付
大浜郁子「『田代安定にみる恒春と八重山』―〝牡丹社事件〟と熱帯植物殖育場設置の関連を中心に」『民族學界』第31号（台湾）、二〇一三年春号
山口守人「沖縄懸下八重山群島急務意見目録（翻訳篇）」熊本大学教育研究センター編『熊本大学大学総合科目研究報告第5号』二〇〇二年
草野美智子「〝台湾〟理解の変遷―近世漂流記や明治期の新聞記事を中心にして―」熊本大学教育センター編『熊本大学総合科目研究報告　第5号』二〇〇二年
國吉まこも「1885（明治18）年田代安定の八重山調査と沖縄県の尖閣諸島調査」沖縄大学地域研究所編『地域研究　10号』国際印刷、二〇一二年
成城大学民俗学研究所『傳承文化　第7号』一九七一年

陳柔縉著、天野健太郎訳『日本統治時代の台湾』ＰＨＰ研究所、二〇一四年
坂野徳隆『風刺漫画で読み解く「日本統治下の台湾」』平凡社、二〇一二年
沖縄国際大学南島文化研究所編『近世琉球の租税制度と人頭税』日本経済評論社、二〇〇三年
譜久村毅『人頭税物語』日本文学館、二〇一二年
大浜信賢『八重山の人頭税』三一書房、一九八一年
三木健『八重山研究の人々』ニライ社、一九八九年
佐々木克監修『大久保利通』講談社、二〇一一年
司馬遼太郎『街道をゆく6　沖縄・先島への道』朝日新聞出版、二〇一四年
司馬遼太郎『街頭をゆく40　台湾紀行』朝日新聞出版、二〇一四年
中生勝美「田代安定伝序説：人類学前史としての応用博物学」（研究論文）
斎藤郁子「田代安定の学問と資料」『沖縄文化研究　32』法政大学沖縄文化研究所、二〇〇六年
南雲清二「キナの国内栽培に関する史的研究」（論文）
平良勝保「明治十七年の沖縄県旧慣調査とその背景」（論文）
並松信久「笹森儀助と地域振興─『南嶋探検』をめぐって」（論文）
玉利長助「田代安定先生を憶ふ」松崎直枝「田代安定先生の事ども」『鹿児島高等農林学校同会誌あらた　19号　故田代安定先生追悼録』一九二九年
内藤喬「田代安定先生の跡を訪ふ：恒春林業試験場支所雑記」『鹿児島高等農林学校同会誌あらた　33号』一九三九年
松崎直枝「隠れたる植物学者　田代安定翁を語る」『伝記　創刊号』一九三四年
「先駆者のあとさき　⑮田代安定」南日本新聞、一九六一年二月二日付

三木健「黎明期の沖縄研究　田代安定」『新沖縄文学　第37号』特集　沖縄研究の先人たち、沖縄タイムス、一九七七年
田代安定『恒春熱帯植物殖育場事業報告』1～6号、一九一六年
安渓遊地・安渓貴子・弓削政己・今村規子「国立台湾大学図書館・田代安定文庫の奄美史料―『南島雑話』関連資料を中心に」
「博士にするなら俺は官を罷めてやる　植物學の秦斗田代安定氏逝く」鹿児島朝日新聞、一九二八年三月二十三日付
「脱走少年は生きていた―戦時中の〝圧政炭坑〟西表島」朝日新聞大阪本社版、一九七七年八月十四日付
宮本常一『辺境を歩いた人々』河出書房新社、二〇〇五年

【成城大学民俗学研究所柳田文庫の田代安定直筆関連資料】

『八重山群島急務意見書』
『八重山取調始末記外篇』
『八重山群島物産繁殖ノ目途』
『沖縄懸下八重山島所見辯議』
『八重山群島創業意見』
『八重山甘蔗繁殖豫算説明』

【東京大学理学部生物学教室田代安定関連資料】

『沖縄懸下沖縄諸嶋結縄算標本説明全』
『沖縄島祭神祝女類別表・沖縄島祝女佩用勾玉実検図解』
『台東植民地予察報文』

鹿児島民俗学会編『民俗研究　第1号』(田代安定の「沖縄懸下先島廻覧日記」他一編を収録)、一九六四年
礫川全次編著『歴史民俗資料叢書2　人喰いの民俗学』評論社、二〇〇七年
宮本延人ら編『台湾の民族と文化』六興出版、一九八七年
許國雄監修・名越二荒之助ら編『台湾と日本・交流秘話』展点社、二〇一四年
紙村徹編『台湾原住民文学選⑤　神々の物語』草思館、二〇〇六年
柳本通彦『ノンフィクションの現場を歩く　台湾原住民族と日本』かわさき市民アカデミー出版部、二〇〇六年
國久よしお『嘉矩・稲造・新平と台湾近代化―岩手三賢人の功績』角川学芸出版、二〇〇九年
楊南郡著、笠原政治・宮岡真央子・宮崎聖子訳『幻の人類学者　森丑之助　台湾原住民の研究に捧げた生涯』風響社、二〇〇五年

◆著者プロフィール

名越　護（なごし・まもる）

1942年、奄美大島宇検村生勝生まれ。1965年、鹿児島県立甲南高校から立命館大学法学部卒。同年3月、記者として南日本新聞社入社。2003年3月末に編集委員で定年退職。鹿児島民俗学会会員。著書に『鹿児島20世紀　上・下』(共著)、『南島雑話の世界』、『奄美の債務奴隷ヤンチュ』、『鹿児島藩の廃仏毀釈』、『自由人西行』など多数。74歳。

住所：鹿児島市西陵1丁目24－15

南島植物学、民俗学の泰斗
田代安定

二〇一七年三月一日　第一刷発行

著　者　名越　護
発行者　向原祥隆
発行所　株式会社　南方新社
〒八九二―〇八七三
鹿児島市下田町二九二―一
電話〇九九―二四八―五四五五
振替口座〇二〇七〇―三―二七九二九
URL http://www.nanpou.com/
e-mail info@nanpou.com

印刷・製本　株式会社朝日印刷
定価はカバーに表示しています
落丁・乱丁はお取り替えします
ISBN978-4-86124-351-6　C0023